Luisa Francia

In den Gärten der Kore

W0229203

Luisa Francia

In den Gärten der Kore

Visionen
aus einem weiblichen Universum

Frauenoffensive

1. Auflage, 2003
© Luisa Francia, 2003
(Verlag Frauenoffensive
Metzstr. 14 c, 81667 München
www.verlag-frauenoffensive.de)

ISBN 3-88104-360-8

Druck: Clausen & Bosse, Leck
Umschlaggestaltung: Erasmi & Stein, München
nach einem Entwurf von Luisa Francia

Dieses Buch ist gedruckt auf Papier aus chlorfrei gebleichtem Zellstoff.

INHALT

Gefährliche Übergänge   7

Frauenraum – Männerhaß?   15

Musik   18

Berührung mit der Unterwelt   20

Kores Gärten   32

Erste Begegnung   34

An der Schwelle   38

Was ist hinter dem Spiegel?   45

Frauen sind   53

Schnecken, Zwetschgen, Alte Schachteln   56

Was ist eigentlich ein Patriarchat?   63

Beherzt ins Schwarze Loch   73

Meer der Schrecken   83

Frauen hinter dem Schleier   97

Intrigen – die Magie der Machtlosen   104

Kore Demeter Hekate   112

Die graue Stunde   118
    Im geheimen Garten der Kore

Die Erfindung der Gegenwart   123

Augenblick der Wahrheit   130

Wie kommen die Schmetterlinge   136
    in den Kopf der Falschen Schlange?

Ritual für die Junge,   142
    die Mutter und die weise Alte

Zauberritual   146

Kraftpuppen   149

Die Verheißung des Gartens   152

Wenn eine Frau ihre eigene Größe entdeckt hat,
kann kein Lob sie größer,
keine Kritik sie kleiner machen.

Der Käfig ist offen.
Verlassen mußt du ihn selbst.

GEFÄHRLICHE ÜBERGÄNGE

Eine Frau stand auf dem Fensterbrett im vierten Stock eines brennenden Hauses. Tief unter ihr hatte die Feuerwehr ein Sprungtuch gespannt. Der Weg durch das Haus war ihr verwehrt. Sie mußte springen. Dieses Foto sah ich als Kind im Münchner Merkur, den wir abonniert hatten. Ich weiß nicht, wie die Geschichte ausging. Ich erinnere mich aber sehr genau an den Wortwechsel, den meine Oma und meine Mutter darüber hatten.

Mein Gott, da hinunterspringen! sagte meine Mutter entsetzt.

Darauf meine Oma streng: Soll sie verbrennen?

Ja freilich nicht, sagte meine Mutter, aber stell einmal vor.

Das muß ich mir nicht vorstellen, sagte meine Oma, die sich nicht lange mit Qualen aufhielt, besonders, wenn sie nichts mit ihr zu tun hatten.

Für mich ist dieses Bild zum Symbol für gefährliche Übergänge geworden. Du hast keine Wahl, das Alte geht nicht mehr, das Neue ist bedrohlich, vielleicht lebensgefährlich, vielleicht tödlich, aber du hast keine Wahl.

So fängt es bei der Geburt schon an. Obwohl der Zustand im Mutterbauch paradiesisch ist oder wenigstens sein kann, muß dieser ruhige, geborgene Ort irgendwann aufgegeben werden. Wir müssen die schaukelnde Wärme mit der harten, kalten, gnadenlosen Außenwelt vertauschen. Es gibt keine andere Wahl, denn würden wir im Bauch bleiben, würden wir uns mit dem Fruchtwasser vergiften, das langsam kippt und von der Nährlösung zum Gift wird. Daß nährende Situationen das Leben auch vergiften können, bleibt ein roter Faden durchs ganze Leben. Wer zu lange im Vertrauten verweilt und die Reibung mit der Außenwelt nicht wagt, erstickt vielleicht im zähen Schleim der altbekannten Soße.

Wer will schon ein ganzes Leben lang gestillt werden? Und doch ist das Ende der intimen Mutter-Kind-Beziehung traumatisch und höchst schmerzhaft. Viele Menschen hätscheln dieses Trauma ihr Leben lang, baden sich im Schmerz der Ur-Trennung und verweigern auch allen anderen Herausforderungen ihre Kooperation. Eine der gerade vieldiskutierten Situationen des Verharrens im Unerträglichen ist die Unfähigkeit junger Männer, sich dem Leben zu stellen (Hotel Mama), obwohl die Mutter als uncool und lästig bekämpft wird.

An der Schwelle in die Falle getreten! Wir könnten hämisch lachen, die blöden Jungs, sie checken es halt nicht. Aber wie oft schnappt die Falle zu, ohne daß wir es merken!

Bei der Geburt werden wir in die Welt der Materie initiiert und verlieren die Erinnerung an die Impulse des Universums ziemlich schnell. Die Einweihung in die menschliche Existenz scheint ein ständiger Verlust zu sein. Kaum haben wir die universelle Weisheit verloren, steht schon die Pubertät an. Das sich drehende, wunderbare, taumelnde, erschreckende, beglückende Reich der Kindheit verschwindet wie hinter einer Panzerglasscheibe. Noch können wir uns an die Freuden und Schrecken der Kindheit erinnern, noch strahlen Verwandte eine gewisse Vertrautheit und Sicherheit aus. Aber die bevorstehende Initiation in die Phase der Reproduktion, in der wir, ob wir wollen oder nicht, auf das Weiterstricken des

Menschheitsgewebes vorbereitet werden, raubt uns die verantwortungsfreie Wildheit der Kindertage. Vielleicht war die Kindheit nie verantwortungsfrei und wild, dennoch bringt die Pubertät schockartig neue Verantwortung mit: Du könntest nicht nur für dich, sondern auch für ein Kind verantwortlich sein, wenn du nicht aufpaßt. Das gilt natürlich wieder nur für Frauen, die bei ungeschütztem Verkehr (oft ahnungslos) mit den Folgen konfrontiert werden, während die Jungs dann gern bei Mama abtauchen.

Gibt es also eine Initiation ins Erwachsenwerden nur bei Frauen? Jedenfalls ist sie sichtbar, nachvollziehbar. Denn mit der Menstruation beginnt eine neue Lebensphase, der Frauen sich stellen müssen, ob sie Lust dazu haben oder nicht. Bei vielen jungen Frauen gibt es deshalb das Phänomen, daß sie sehr spät oder erst mal gar nicht menstruieren. Die Last des Frauseins ist oft derart negativ in ihr Bewußtsein eingesickert, daß sie dazu überhaupt keine Lust haben. Wenn sie ihre Mütter betrachten, deren unterwürfiges oder hilfloses Verhalten gegenüber ihren Männern, vergeht ihnen die Lust, Frau zu sein. Aber eine sexuell aktive Mutter ist auch nicht gerade der Traum einer pubertierenden Tochter. Peinlich die kurzen Röcke, peinlich die Balzrituale. Wie kann man in diesem Alter noch Sex haben wollen! Grausam!

So wie wir bei der Geburt das Glück universeller Freiheit verlieren, verlieren wir in der Pubertät die Kindheit. Nicht für immer. Denn bei jedem Übergang lauern ja nicht nur Gefahren, sondern auch Entwicklungen und Freuden. Die Ausbeuter der Übergänge, von der Pharma- über die Spielwaren-, Süßigkeiten-, Junkfood-, Kleidungs-, Musikindustrie, wollen alle an der Initiation verdienen, an den Anpassungsritualen, den Symbolen, der Grundausstattung der neuen Zeit. Und während die globalen Abzocker die Übergangsriten der Menschheit mit ihren Produkten fest im Griff haben, sorgen sie gleichzeitig dafür, daß einer der interessantesten Übergänge gesellschaftlich diffamiert und ausgegrenzt wird, denn es ist die Initiation, an der sie am wenigsten verdienen, die ihnen am meisten Kundschaft entzieht: die Wechseljahre. Sicher, es gibt jede Menge Produkte für die Wechseljahre, von Hormonen und Antifaltenkosmetik über Tees zu Wellnessangeboten. Aber ein Phänomen irritiert die Industrie mehr als Krisen, Rezessionen und Börsenschwankungen: das wachsende Bewußtsein und die nachlassende Konsumbereitschaft der Frauen in der Menopause.

Diese Schwelle im Leben einer Frau ist die bedrohlichste und verheißungsvollste zugleich: Der Kreis schließt sich, du näherst dich wieder der Weite des Universums, du hast Erfahrungen zur Verfügung, die du in deiner Jugend nicht so ohne weiteres abrufen konntest. Du siehst die Zusammenhänge und benennst sie – die renitenten alten Frauen! Die Qualen der ersten Verliebtheit, der Stress der Kindererziehung, die Bedrängnis im Beruf, all die rätselhaften Situationen, die dich von einer Verzweiflung in die nächste geworfen hatten, weichen einer seltsam ruhigen Gewißheit: Das alles ist vorbei.

Aber was Erleichterung sein könnte, wird zur Bedrohung. Vorbei.

Ich werde nicht mehr gebraucht, sagte meine Mutter weinend. Sei froh, sagte ich. Da fällt doch die größte Last von dir ab. Wofür lebe ich denn dann? fragte sie.

Ich fing an, darüber nachzudenken, wofür wir leben, und kam zu dem Schluß: für nichts. Wir leben. Und doch: Wenn eine Zeit erfüllt von Verantwortung, Stress, Arbeit war, wenn keine Zeit war für Entspannung, Ruhe, Nachdenken und Heiterkeit, dann wird der Übergang zur totalen Bedrohung. Wenn Stress und Herausforderung die treibenden Kräfte der Lebensenergie waren, wird Ruhe zur tödlichen Bedrohung. Übergänge müssen vorbereitet, erlernt werden. Loslassen ist die größte Kunst, sagen die Buddhisten. Aber wie läßt eine Frau ein erfülltes Leben los, ohne am plötzlich auftretenden Mangel einzugehen?

Unsere VorfahrInnen wußten genau um die Gefahren der Übergänge, den Schock, die Desorientierung, die mit dem neuen Zustand kommt. Mit Ritualen betteten sie diese Übergänge ein. Aber – Überraschung – gerade die Rituale wurden zu einer neuen Gefahr. Sie erstarrten zur Tradition, hielten die Menschen in ihrer unbeweglichen Struktur gefangen und provozierten Ausbrüche, die die Rituale zerstörten, ohne neue Möglichkeiten aufzutun.

Es hilft uns nicht, wenn wir ohne nachzudenken rituelle Formen der monotheistischen Religionen, der Tibeter, der amerikanischen UreinwohnerInnen oder eines afrikanischen Stamms übernehmen. Unsere Hilflosigkeit in Situationen des Übergangs – Geburt, Pubertät, Wechseljahre oder Tod – wird nicht dadurch besser, daß wir ein fremdes Ritual draufsetzen oder unsere Töchter neuerdings zwingen, ein Ritual zur ersten Menstruation durchzuziehen. Der spielerische, experimentelle Zugang ist vermutlich jetzt der einzig mögliche. Was bedeutet diese neue Situation? Was verliere ich? Was gewinne ich? Wo liegen die Gefahren? Welche Schutzmöglichkeiten gibt es? Welche Vorteile eröffnen sich mir dadurch? Wer weiß darüber Bescheid? Mit wem möchte ich darüber sprechen?

Rituale können helfen, aber nur, wenn sie von der Person gewünscht werden, die den Übergang zu bewältigen hat. Manchmal reicht es schon, daß eine andere, die diese Erfahrung schon hinter sich hat, etwas darüber erzählt.

Ein schönes *Ritual für einen Übergang* ist folgendes, das allein oder mit FreundInnen zu feiern ist:

Ein Kreis wird aus Gegenständen gelegt, die mit der Situation zu tun haben, die gerade verlassen wird. Wenn es ein Ritual für die Pubertät ist, können Spielsachen den Kreis bilden. Wenn das Ende der Berufstätigkeit begangen wird, können Symbole dieser Arbeit den Kreis bilden. Bei der Menopause würden vielleicht Symbole der jungen Frau im Kreis ausliegen.

In der Mitte des Kreises wird eine symbolische Schwelle aus Steinen, Kristallen, Holz oder Stoff gelegt. Die zu initiierende Person bestimmt, welches Material ihre Schwelle haben soll. Wenn andere Menschen an diesem Ritual teilnehmen, stellen sie sich innerhalb des gelegten Kreises auf. Die Initiandin steht in der Mitte vor der Schwelle. Nun sagen alle Personen im Kreis der Reihe nach, was nach der Initiation an Verheißungen und Kräften auf die Frau in der Mitte zukommt. Bei einem Ritual für die Wechseljahre sollten Frauen jenseits der Wechseljahre den Kreis bilden und die Frau in der Mitte in die Weisheit der Alten einführen, indem sie Kräfte rufen, die jetzt wichtig und wertvoll sind.

Wenn die Frau in der Mitte genug gehört hat, springt sie über die Schwelle.

Eine der Frauen könnte die Hebamme in den neuen Zustand sein und sie auf der anderen Seite der Schwelle in Empfang nehmen. Wenn es ein Ritual in die Pubertät ist, könnte die Lieblingsmusik der Frau in der Mitte gespielt werden, und eine junge Frau, die schon ihre Menstruation hat, könnte sie empfangen.

Ein Ritual des Übergangs ist deshalb so hilfreich, weil es den Übergang sichtbar, spürbar, hörbar macht. So viele junge Männer bleiben Kinder, weil sie nie einen Übergang in den Zustand des erwachsenen, verantwortungs-vollen Mannes vollzogen haben. So viele Frauen werden sich der Kraft ihrer derzeitigen Lebenssituation nicht bewußt, weil sie nie darauf aufmerksam gemacht wurden. Übergänge werden mythisiert, mystifiziert, überhöht, dämonisiert (besonders im Fall von Wechseljahren und Tod), aber nicht wirklich vollzogen.

Sich mit einem kommenden Zustand auseinanderzusetzen, indem Informationen gesammelt, ExpertInnen befragt, Bücher gelesen werden, das Internet konsultiert und dann der Zustand ganz bewußt ins Leben geholt wird, macht den Übergang lebbar und reduziert die tödliche Gefahr, die von Schwellenzuständen ausgehen kann.

Ich stand auf dem Baukran und starrte in die Tiefe. An meinen Fußknöcheln waren starke Bänder befestigt, an denen das Seil hing. Niemals springe ich da hinunter, dachte ich. Aber manchmal mußt du etwas zurücklassen, um etwas Neues zu gewinnen. Wenn ich nicht springe, werde ich nicht wissen, wie es ist, den Boden unter den Füßen zu verlieren. Ich sprang. Kein bißchen zu früh. Kurz darauf hatte ich einen schweren Unfall und wußte jetzt, wie es ist, durch die Luft zu fliegen, zu landen und doch nicht aufzugeben.

Das alles half mir nichts, als ich in die Wechseljahre kam. Wieso ich? Die kühne, lebendige, starke junge Frau, die ich bin, kann doch nicht alt werden? Wenn ich in den Spiegel schaue, erkenne ich mich nicht, sagt meine Mutter. Ich bin doch nicht diese alte Haut da.

Ich habe Ihnen beim Yoga zugesehen, sagte eine alte Frau auf einer Bank an der Isar, wo ich meine Yogaübungen mache. Ich war auch einmal jung.

Und ich denke: Eines Tages werde ich das vielleicht auch sagen. Ich war einmal jung. Und niemand wird mir glauben. Weil alte Menschen alt sind und einfach nicht jung vorstellbar. Aus einem alten Schriftsteller wird im Krankenhaus genauso der Opa wie aus einer alten Wissenschaftlerin im Altenheim die Oma. Wer das nicht will, muß sich rechtzeitig mit der Gefahr dieses Übergangs beschäftigen. Wie werde ich zur weisen Alten, ohne die Junge zu verlieren? Manchmal hilft es, mit WenDo, Thaiboxen, Afrotanz und Yoga den Körper so zu trainieren, daß bei einem respektlosen Übergriff auf den alten Körper eine kräftige Abwehr Klarheit schafft.

Der Übergang ins Alter kann das Anknüpfen an die Kindheit werden: Frei von allen familiären und beruflichen Zwängen kann das Alter übermütige Heiterkeit mit neuen frechen Körpererfahrungen gepaart mit wertvoller Erfahrung bringen. Dann können drei Diebe auch mal die verblüffende Erfahrung machen, wie in München geschehen, daß eine schon am Boden liegende Achtzigjährige, ohne ihre Handtasche loszulassen, ihnen mit dem Stock ein blaues Auge und Schrammen verpaßt und hinterher dazu sagt: Da hab' ich mich aber schon gefreut, daß ich es denen zeigen konnte! Ich freue mich mit und lerne von ihr, wie ich von meiner über neunzigjährigen Freundin Elly Beurer lernte, die auf meine Ermahnung, sich in ihrem Antiquitätenladen doch mal hinzusetzen und auszuruhen, verschmitzt sagte: Ich mag mich nicht hinsetzen, sonst sterbe ich vielleicht aus Versehen...

Als der König Salomon von Bilqis, der sagenhaften Königin von Saba hörte, mußte er sie besitzen. Er, der größte aller Herrscher, der weiseste, mächtigste König weit und breit, der seine Macht mit der Hilfe von Engeln, Dämonen, Geistern und Tieren ausübte, konnte nicht glauben, daß es irgendwo eine Frau geben sollte, die Macht hatte, ja mächtiger war als er.

Einmal war er losgezogen, um sein Land zu erkunden, und trotz der professionellen Hilfe seiner Dschinns, Vögel und Dämonen verirrte sich sein Troß, und sie fanden kein Wasser. Er ließ seine magischen Vögel rufen, aber die kamen nicht, was ihn weißglühend vor Wut zu dem Versprechen trieb, wenn er die Vögel wiedersehe, würden sie von ihresgleichen zu Tode gepickt werden, zur Strafe. Soweit zu Machtdemonstrationen von Männern in hilf- und aussichtslosen Lagen.

Schließlich kamen die magischen Vögel und hatten nicht nur Wasser gefunden, sondern brachten Kunde von der sagenhaften Königin von Saba. Schnell war die Todesangst vergessen – die Frau mußte her. Er zog also weiter, um sie zu finden und zu unterwerfen. Sie ließ ihn nahe herankommen.

Wer bist du, und was machst du hier, so weit entfernt von deinem König Salomon? ließ er sie fragen.

Und wer zur Hölle ist Salomon, antwortete sie in etwa.

Gott schickt ihn, sagte Salomon. Er hat den göttlichen Auftrag, über alles und alle zu herrschen, er gebietet dem

Wind, den Dschinns, den Teufeln, den Vögeln und den Menschen.

Was redest du da? fragte Bilqis, die Königin von Saba, der es noch nie in den Sinn gekommen war, ihre Macht zu definieren, auszurufen und zu untermauern.

Mittlerweile hatten die Vögel, die Dschinns, die Teufel und die Abgesandten Salomons das Reich der Bilqis bestaunt und erzählten ihrem König von der Größe und Schönheit und wie niemand und nichts sie daran gehindert hatte, jeden Winkel ihres Gebietes zu bereisen, wie sie bewirtet und willkommen geheißen worden waren.

Salomon wollte dieses Reich, diese Frau, die Schönheit und die Schätze besitzen und schrieb Bilqis einen Brief, in dem er aufs poetischste seine Liebe zu ihr erklärte.

Sie war von dem Brief sehr bewegt, rief ihren magischen Vogel und bat ihn, dem König, den sie nicht so recht einschätzen konnte, eine Frage zu überbringen: Was ist das Wasser, das weder aus der Erde noch aus dem Himmel kommt?

Schon diese Frage (bei der jeder Frau doch sofort die Tränen eingefallen wären) konnte der große König nicht allein beantworten. Er mußte seine Dschinns, seine Teufel und seine Vögel losschicken – sie kamen mit einer Antwort, die Bilqis großzügig akzeptierte: der Schweiß der Pferde.

Sie schob eine Frage nach: Welche Farbe hat Gott?

Salomon fiel angesichts dieser Blasphemie in Ohnmacht. Wie konnte die Frau so etwas fragen! Gottlose Weiber! Nichts ist ihnen heilig.

Ich werde ihr Reich erobern, rief er, als er wieder zu sich kam.

Aber vorher wollte er, daß sie die Frage wiederholte.

Sie wiederholte die Frage mit dem Wasser.

Und was hast du mich dann gefragt? fragte er.

Nichts, lächelte sie.

Wieso bin ich dann vom Thron gefallen? fragte er.

Ja, wieso?

Das ist die zentrale Frage. Wieso fällt jeder Mann sofort vom Thron, wenn Frauen freche, intelligente, tabulose, blasphemische, unverschämte Fragen stellen?

Wieso haben Männer solche Angst vor Frauen?

Wieso bedeutet es für einen Mann Krieg, wenn eine Frau ihren Raum einnimmt?

Wieso ist eine freie Frau für einen Mann bedrohlich?

Wieso kann ein Mann nicht einfach akzeptieren, daß eine Frau ihren Raum braucht, den sie nun einmal mit einem Mann nicht teilen kann?

Musik aus Geräuschen, Stimmen, Streit, Bellen
Vogelzwitschern, Miauen, Klappern, Knallen
Sehen und hören!
Riechen!
Gewachsen in Lärm und Stille
In Wispern und Lachen
Geformt aus Weichem und Bitterem
Aus Düften und bestürzendem Gestank
Aus zarter Berührung und Stolpern
Aus überschäumender Freude
Und Zeichen überall!
Alles tun ohne Ernst
Alles wagen ohne Ehrgeiz
Spielen, springen
Wirbeln
Niemals wirklich landen
Von allem berührt
Entdeckend
Verdauend
Begleitet von Göttinnen
Gestirnen, Steinen
Und Urgewalten
Entzückt von Lorbeer
Wacholder, von Zimt, Honig
Harz und Nüssen
Granatapfelfrüchten!
Verzückt von den Wonnen der Sinne

Gebadet in Mondlicht
Erhitzt von der Sonne
Vom Feuer gestärkt
Im Wind treibend
Zu den Fluten aller Wasser
Im Taumel der Städte erprobt
Auf Bergen mit dem Tau
Des Morgens gewaschen
Im Tanz mit den Geistern
Gottlos frei von Glauben und Aberglauben
Vertraut mit den Wandlungen
Elementarer Magie

Hades verschleppte Persephone in die Unterwelt, wo er sie festhielt und quälte. Die Erdgöttin Demeter, Persephones Mutter, fiel in tiefe Depression und ließ die Erde verdorren. Sie ließ nichts mehr wachsen, schickte Dürre, Heuschrecken, Krankheiten ohne Ende. Sie war so sauer, daß es ihr sogar egal war, Menschenfrauen verhungern zu sehen. Hades und seine Kerle verstanden nichts. Sie dachten, es reichte, einen Mythos zu gründen, dann wäre der Rest schon geklärt. Das reicht aber nicht.

Auch wenn es immer wieder Männer und ein paar Frauen geben wird, die Mord, Entführung, Vergewaltigung, Folter zum Mythos machen und die Killer und Verbrecher zu Helden – es führt doch nur zum Untergang der ganzen Spezies. Denn wenn auch Demeter im Mythos sich von ihrer Freundin Baubo und deren erotischen Tänzen zum Lachen bringen und erweichen ließ, wenn sie auch Kore wieder in die Gärten schickte, um Blüten und Früchte aus den Pflanzen zu locken, irgendwann wird ihre Geduld erschöpft sein. Als Gott den Mann schuf, übte sie bloß? Als der Mann Gott schuf, hatte er keine Ahnung.

Dieses Buch wird keinen ordentlichen Anfang und kein klar umrissenes Ende haben, denn ich wurde hineingezogen wie in einen Strudel, und wo es hinführt, ist noch nicht abzusehen.

Alles begann mit einer Trance. 1977 begleitete meine Freundin Elisabeth mich auf meine erste Trancereise und führte mich durch verwirrende Bilder, Erlebnisse und Begegnungen. Ich stand in einer kargen Landschaft, sang monotone Lieder und spielte mit Kieselsteinen und Meteoriten.

Mitte der siebziger Jahre war so eine Erfahrung keine Kleinigkeit. Ich wußte gar nicht, wie ich das einordnen sollte. Von Traumzeit oder weiblicher Spiritualität war noch nicht die Rede. Castaneda kannte ich nicht. Meine eigenen Erfahrungen mit Magie waren fragmentarisch, genährt aus Erinnerungen an meine Großmutter, die Karten legen, Warzen besprechen und Abwehrzauber machen konnte. Magische Phänomene kannte ich nur aus der Praxis, aus den Experimenten mit Freundinnen.

Ein paar seltsame Worte tauchten auf, die wir aufschrieben – hazzi, allaiturahhe und „heiße Steine" zum Beispiel. 1982 begegnete ich Volkert Haas, dem Hethiterforscher, der mir Allaiturahhi als hurritisch-hethitische Zauberpriesterin entschlüsselte, die Orakelrituale mit heißen Steinen, mit „hazzi-Steinen" machte. Ich folgte dieser Spur, entdeckte aufregende Parallelen zwischen der Frau, die vor rund sechstausend Jahren in Ostanatolien gelebt und gezaubert hatte und deren Rituale auf Tontafeln beschrieben sind, und mir.

Ich las und forschte mich durch die klassische Antike, der ich nie etwas abgewinnen konnte, weil nach meinem Gefühl die frühpatriarchalen griechischen und römischen Gesellschaften die Spuren der alten Göttinnenkulturen verwischten. Meine Intuition sagte mir, daß unter der Schicht von Göttern und Göttinnen, von ordentlich gegliederter Hierarchie und klar umrissenen Werten eine Wildnis wuchert, für die der Begriff „Unterwelt" als Ebene unter der Oberfläche paßt, in der ich zu Hause bin, die der Nährboden und die Grundlage weiblicher Existenz, weiblicher Magie ist. Dabei interessierte es mich nicht sonderlich, daß es natürlich „patriarchale" Frauen gibt, die sich nicht nur diesem System unterordnen, sondern sich auch darin wohlfühlen. Na und, was beweist das schon in einer gehirngewaschenen Gesellschaft. Und natürlich gab es immer auch Männer, die an der patriarchalen Härte litten und völlig andere Prioritäten in ihrem Leben setzten.

Mir ging es darum, die verschütteten Räume wieder zu öffnen, die uns, die mir verlorengegangen waren. Ich entdeckte, daß die Erforschung von Frühgeschichte, von Mythen und mythologischen Strukturen nach dem Prinzip funktioniert: your guess is as good as mine (was du dir ausdenkst, ist genauso gut wie das, was ich mir ausdenke). Natürlich wissen wir heute, wie sehr Forschung von der Vorgabe, der Ausgangssituation abhängt. Wenn Jean-François Champollion, der die ägyptischen Hieroglyphen dechiffrierte, die „Dreieinigkeit" sucht, findet er sie auch überall in den Zeichen. Wenn Schliemann Troja finden will, findet er Troja. Das Vorgefundene wird der Erwartung angepaßt. So funktioniert die Schnittstelle zwischen materieller Realität und Magie. Wir können nur erforschen, was wir erwarten, denn für das, was wir nicht erwarten, nicht kennen, haben wir keine Definition, wir er-kennen es nicht und müssen es folglich in eine andere Struktur pressen, wie die Aschenbrödelschwestern ihre nicht passenden Füße für den Aschenbrödelschuh passend machen wollten.

Ich habe mich im Lauf meiner Forschungen nicht lange mit Sekundärliteratur aufgehalten, obwohl ich natürlich gelesen habe, was ich über frühe Kulturen, Göttinnen, kleinasiatische Lebensräume, Zauberrituale, Magie und Heilkunde finden konnte. Mein Ansatz war: So seht ihr das. Und jetzt schauen wir mal, wie ich das sehe.

Meine Methode ist einfach:

- *Träumen.* Alle Träume, Trancen, Wachträume, Erinnerungen und Erfindungen festhalten, um zu einer eigenen Symbolsprache zu finden.
- *Die Orte aufsuchen,* die mit diesen Träumen verbunden sind. Dort *mit den Elementen Verbindung aufnehmen* und weiterträumen.
- Mit anderen TräumerInnen, aber auch mit ForscherInnen *Informationen und Gespinste austauschen.*
- *Rituale erfinden,* die Zusammenhänge zu den Elementen, Steinen, Pflanzen und Tieren und auch zu tieferen Schichten von Realität herstellen.
- *Musik hören,* die in irgendeinem Zusammenhang mit den Traumthemen steht.
- *Der Spur* von Düften und magischen Potenzen *folgen.*
- *Bücher lesen,* die sich mit diesen Orten, Namen oder Kulturen beschäftigen, ohne dem Bücherwissen Priorität einzuräumen.
- Und jetzt auch: *Im Internet* nach Fragmenten und Impulsen *suchen.* Oft genug tauchen dort die Träume anderer Menschen auf, die in einem Buch nie veröffentlicht worden wären.

Anfang dieses Jahres machte ich mich auf eine Reise in die Türkei. Es war eine kurze Reise mit Hindernissen und Schwierigkeiten, und zugleich wurde sie zum Schlüssel für dieses Buch, für das Thema des weiblichen Universums und der Komplexität weiblicher Erfahrung. Meine Ankunft in Antalya fiel mit heftigem Unwetter, endlosen Regengüssen, Gewitter und Kälte zusammen. Nachmittags war es so finster wie um diese Jahreszeit in Finnland. Ich dachte über den Zusammenhang zwischen der türkischen und der finnischen Sprache nach, die Wanderung von Mythen, die Vermischung von Göttinnenerscheinungen, die Ähnlichkeit mancher Grundmuster.

Warum sehen Spinngewichte, die ich im Museum für Anatolische Kulturen sah, genauso aus wie die Spinngewichte, die in Mali ausgegraben wurden? Welcher Zusammenhang besteht zwischen der hurritischen Kubaba/Kybele, die ihre Brüste präsentiert, der babylonischen Ishtar und den Shango-Fetischen der Yoruba in Nigeria? Diese Frauenfiguren umfangen ihre Brüste wie die kleinasiatischen Göttinnen, und zudem sind sie auf dem Kopf noch mit einer Doppelaxt geschmückt.

Im Wolkenbruch an der türkischen Küste lag ich auf meinem Himmelbett, aß Feigen und Nüsse, trank frischen Granatapfelsaft und las Robert Ranke Graves, „Die weiße Göttin", und Marija Gimbutas, „Goddesses and Gods of Old Europe". Ich ging eigentlich nur ins Freie, um mich samt Kleidung und Regenschirm zu duschen.

Als ich dachte, es höre nie mehr auf und ich habe jeden Kontakt zu den Elementen verloren, öffnete ich das Fenster und begann zu singen. Ein Vogel setzte sich vor mir aufs Fensterbrett und blieb, obwohl ich weitersang und gegenüber ein hübscher Orangenbaum stand.

Es hörte zu regnen auf, ich zog den zweiten Teil meiner mitgebrachten Kleidung an und ging spazieren, ich entdeckte einen Steinbildhauer und wollte schon vorbeigehen, weil mich die Massenware nicht interessierte, die im Fenster ausgestellt war. Da fiel mein Blick auf eine dicke steinerne Frauenfigur. Ich betrat den Laden und fragte, was es damit auf sich habe. Er fand, das sei nicht sein bestes Stück, zu grob gearbeitet, noch nicht poliert. Er wolle es nicht verkaufen, es sei für ihn keine gute Reklame. Wen die Figur denn darstelle, fragte ich. Naja, er habe versucht, nach den Erzählungen seiner Großmutter die Kubaba, die auch Kybele heißt, zu formen. Kybele, sagte er, you know, she is like, hm, Demeter. Earthgoddess. Yes, I know, sagte ich, I know.

Ich bekam sie für umgerechnet dreißig Euro und trank noch mehr Granatapfelsaft. Ich las in Volkert Haas' „Hethitische Berggötter und hurritische Steindämonen". Als ich zu der Stelle kam, wo die Attribute der Göttin Sawuska beschrieben sind: Wasser, Stein, Vogel und Granatapfel, kam die Sonne heraus.

Ich machte mich auf den Weg zum Museum der Anatolischen Kulturen in Ankara. Bisher hatte ich die Reise dorthin gescheut. Ankara gilt nicht gerade als die schönste Stadt der Welt, und im Winter ist sie wohl noch abweisender. Aber für eine Frau auf dem Weg in die Unterwelt führt an Ankara und dem Wohnort der alten anatolischen Göttinnen im Museum kein Weg vorbei.

Vor der Kybele mit dem hohen Kopfputz fing ich an zu schwanken und verlor beinahe das Bewußtsein. Eine iranisch-französische Besucherin, Frühgeschichtsforscherin, wie sich später herausstellte, packte mich am Arm. Wir gingen ins Café und unterhielten uns, während wir Tee tranken.

Sie sprach zu meiner Freude mit Abneigung, ja Verachtung von der griechischen und römischen Periode. Die haben alles verdreht und pervertiert, sagte sie. Vor allem den Begriff der Unterwelt haben sie nicht verstanden. Im hethitischen Mythos ist die Erde die Unterwelt, und die Erdgöttinnen sind die „maitresses" der Unterwelt (mir fiel natürlich sofort auf, daß im Deutschen Mätressen nicht als Meisterinnen, sondern als sexuelle Dienerinnen der Männer gelten). Unterwelt meint den Boden unter den Füßen, die Erde, die Verwurzelung. Die Göttinnen der Unterwelt schaffen die Verbindung von Sinnlichkeit,

Erdhaftigkeit und Vision, durch Orakel bringen sie das Mystische auf die Erde und verwandeln Bilder in Materie.

Das Handy der Forscherin klingelte, und sie verabschiedete sich. Ich las bei Haas zur Hochkultur des Mutterrechts im Hethiterreich über die Bedeutung von Steinen und Felsen und daß es ein Ritual gibt, in dem fünf flache Brote dem Berg geopfert werden. Ich starrte in die Augen des Wärters, hallo! Fünf flache Brote? Sogar dieses Frauenritual hat Jesus kopiert? Interessant. Und dann fand ich eine Entschlüsselung einer Tontafel, nach der der Himmel die Oberwelt ist, für die männliche Götter zuständig sind, und die Erde, Bereich der Frauen, die Unterwelt.

Staunend ging ich wieder durch die Hallen, in denen Göttinnen sich liebten, ineinander verschlungen Haut an Haut dalagen, ihre Brüste mit den Händen umfingen und sie den Elementen darbrachten. Urnen für die Asche der Toten mit Brüsten, kleine flache Frauenidole, Stiere, Leoparden, Löwinnen. Mein mittlerweile wieder voll funktionsfähiges Spinnrad drehte sich.

Da gab es die Göttin Hepath, die von den Hurritern Kubaba genannt wurde, später von den Hethitern und Sumerern auch Kybele; in der griechischen Antike wurde daraus Demeter, die aber wiederum eine dreifache Göttin war und unter ihrem Namen Kore, die junge Korngöttin, Persephone, die Gebieterin der Unterwelt, und Hekate, die weise Alte, die Expertin für Wandlungen und Magie, beherbergt. Die Unterwelt, in die sich Persephone oder auch Ereshkigal begeben, steht auch für das Erwachen der Sexualität, für die Schwelle vom Kind zur Frau durch die Menstruation, während Hekate, aber auch Sawuska, Hepath, Kubaba oder Kybele die Verbundenheit mit allen Wescn, die Fähigkeit, Wirklichkeit zu wandeln, symbolisieren.

Wenn die Unterwelt die Erde ist, macht es ja Sinn, daß Kore, Tochter Demeters, oder Ereshkigal, Unterweltsaspekt der Innana, nicht nur in die Unterwelt „verschleppt" wurden, sondern dort durchaus zu Hause sind, wie etwa die hethitische Sawuska, eine hurritische (heute: ostanatolische) Verwandte der babylonischen Ishtar, die Volkert Haas noch unbefangen Tempeldirne nennt.

Sawuska ist im kleinasiatischen Raum die einzige Göttin, die ich fand, die Oberwelt und Unterwelt in sich vereint, wie etwa die alte Form der indischen Kali, die ja nicht immer nur die Schreckliche war, sondern in dem Maß, wie das Patriarchat sich formierte und Frauen ausgrenzte, für die neuen Machthaber an Schrecken gewann. Sie ist die Antwort auf die Frage: Wie kann eine Göttin, eine Frau, in die Unterwelt verschleppt werden, das als schmerzhaften Prozeß durchleben und gleichzeitig „Herrin der Unterwelt", Gebieterin und natürliche Bewohnerin dieser Unterwelt sein?

Wieder im Café dieses wundervollen Museums, in dem ich beinahe ohnmächtig geworden war, wurde mir bewußt, daß wir ständig mit Begriffen umgehen, die uns aufgedrängt wurden und die mit ursprünglicher weiblicher Realität sowenig zu tun haben wie die Cyberheldin Lara Croft mit mir.

Der Begriff „Himmel" ist durch die christliche Indoktrinierung als das Erhabene und hierarchisch Höhergestellte festgelegt worden. Da mit dem Himmel höhere Werte verbunden sind, zum Beispiel das abstrakte Denken, die Planung, der Überblick, die Kontrolle, ist es dem männlichen Prinzip, dem männlichen Prototyp Gott und also dem Mann zugeordnet.

Dann gibt es die „Unterwelt". Vulgär-populistisch ist es die Ebene der Prostitution, der Gewalt, der Kriminalität, von Suff, Ausschweifung, Sexualität, Perversion. Damit verbunden sind Nacht, Angst, Bedrohung, Undurchschaubarkeit. Soviel zu moderner Rationalität und ihren Mythen. In dieser Unterwelt ist die Frau angesiedelt, und gleichzeitig sagen die Mythen: In diese Unterwelt wird die Frau verschleppt. Da konnten sich die diversen Forscher, Dichter, Denker und Geschichtsgestalter wohl nicht einigen, was da eigentlich los war. Außerdem litten sie wohl allesamt an einem massiven Realitätsverlust.

Ich glaube, wir können getrost davon ausgehen, daß auch zu Zeiten, in denen der Begriff „Unterwelt" geprägt wurde, Frauen mißhandelt, mißbraucht, verschleppt, sexuell ausgebeutet, gewaltsam zu Handlungen und Arbeiten aller Art gezwungen wurden. Die Zeit der ersten Ausgrabungen und damit auch der ersten Beschreibungen alter Kulturen, die sich auf archäologische Beweise stützen, war auch eine Zeit der monotheistisch-religiösen Prüderie, aus der sich so absurde Begriffe wie „Tempelprostitution" fast natürlich entwickeln. Daß ein Forscher wie Volkert Haas noch in den achtziger Jahren von Tempeldirnen spricht, zeigt eigentlich nur, wie tief verankert das Denkmuster ist: Es gibt die anständigen Frauen, die unnahbaren, die mächtigen Göttinnen und Königinnen, die unheimlichen Zauberinnen und, ah, endlich, lechz, die Tempelhuren, mit denen man alles machen darf, weil es zu ihren kultischen Handlungen gehört, Männer nach allen Regeln der Kunst zu befriedigen.

Das Muster Mama, Göttin, Jungfrau, Hure funktioniert heute besser denn je. Auch aufgeklärte Männer, die ich kenne, nette Jungs eigentlich, leiden darunter, daß ihnen Frauen immer Diskussionen aufdrängen wollen, die sie nicht interessieren, daß sie in den Sumpf weiblicher Realitätserfahrung gezogen werden sollen, statt einfach und befriedigend Sex haben und ihre Meinung durchsetzen zu können.

Im schwülstig-patriarchalen Klima der „Aufklärung" zerstörten die Forscher der weißen Gesellschaften vieles, was sie auf ihren Reisen vorfanden – alte mythologische Zusammenhänge, Fundorte wie die Gigantija in Malta und viele andere, Kulturen in Asien, Amerika und Afrika, Rituale, Volksmedizin, gesellschaftliche Zusammenhänge. Sie hatten ein Bild von der Welt, und sie waren entschlossen, die Welt diesem Bild anzupassen, es zu untermauern. Und bis heute setzen sie ihr Bild von der Welt auch mit Waffengewalt durch. In diesen Dunst nicht ausgesprochener Bedürfnisse, Sehnsüchte und verkrümmter Lüste zogen und ziehen sie uns immer noch hinein. Wer die Geschichte der Archäologie, der Ethnographie, der Anthropologie oder der Photographie genauer betrachtet, findet unterdrückte Sexualität, Verklemmtheit, Angst vor dem eigenen Körper, Ersatzbefriedigungen aller Art (z.B. Beschreibungen von Ureinwohnerpraktiken, deren sinnliche Komponente durch wissenschaftliches Interesse legitimiert wird, also wissenschaftlich abgesegnete Pornographie, Voyeurismus).

Der Sumpf von Zauberpraktiken, Göttinnenverehrung, Kinderfresserei, Sinnlichkeit, entfesselter Sexualität, Zaubertränken und Umgang mit Tieren ist also die Unterwelt, in der so grausame Geschöpfe wie Kali, Baba Yaga, Hel und auch die hethitische Sawuska zu Hause sind, widerliche – alte, sicher – Weiber, die man bannen muß, damit sie nicht die jungen Frauen anstecken und zu sich herunterziehen. Ihre Sexualität ist unersättlich, ihre Neugier durch nichts aufzuhalten, ihre Bereitschaft, sich überall einzumischen und Verborgenes aufzudecken, unermüdlich. Gefährlich ist so etwas! Patriarchale Herrscher haben früh damit angefangen, alte Frauen zu diskriminieren, um sie und ihre Weisheit von den Jungen fernzuhalten und sie zu diskreditieren.

Und in diese Unterwelt wird Kore verschleppt? Diese Unterwelt holt Ereshkigal? Weit gefehlt.

Was für eine Unterwelt ist das also, in der „junge, unschuldige" jungfräulichen Göttinnen Göttern geopfert werden? Ist es vielleicht die tägliche Vergewaltigung und Mißhandlung von Frauen seit Hunderten, Tausenden von Jahren? Sind es nicht die Bordelle, in denen Kinder aus Thailand, Polen, Tschechien, von den Philippinen, aus afrikanischen und südamerikanischen Ländern zur Prostitution gezwungen, gefoltert und oft genug getötet werden? Ist die Unterwelt, die Frauen diskriminieren und in den Dreck ziehen soll, von der im mythischen Zusammenhang die Rede ist, nicht in Wirklichkeit die Unterwelt männlicher Machtgeilheit, in der immer wieder Frauen beflissen assistieren?

Was hat diese Unterwelt mit der Unterwelt der Göttinnen zu tun? Im Unterweltsbegriff wird ein Machtkampf sichtbar. Wer über die Unterwelt gebietet, die verborgenen Räume, die elementaren Bedürfnisse kontrolliert, hat auch das Sagen in der Oberwelt. Der Weg des Patriarchats ist Herrschaft über die Unterwelt, die Welt der alltäglichen Bedürfnisse und über den Himmel und alle religiösen Konzepte. Die einen kontrollieren die multinationalen Konzerne, das Saatgut, das Öl und die Versorgung männlicher sexueller Bedürfnisse durch Pornographie und menschliches Material, die anderen die Meditationszentren, Kirchen und Tempel. Wer sich nicht widerstandslos fügt, wer Rohstoffe nicht den Stärkeren überläßt, wird bekämpft. Krieg ist integraler Bestandteil patriarchaler Herrschaft. Frauen spielen dabei eigentlich keine Rolle.

Viele Frauen möchten mittlerweile gern auch in dieser Kontrollebene beteiligt sein und kämpfen sich hoch zu den Chefetagen der globalen Zyniker, schaffen es vielleicht sogar, noch cooler, noch zynischer zu werden als die männlichen Protagonisten. Denn eins steht außer Zweifel: Das starke Geschlecht sind die Frauen. Wenn sie sich etwas vornehmen, sich zu etwas entschließen, sind sie nicht zu bremsen. Ein senegalesisches Sprichwort sagt: Drei Dinge kannst du nicht aufhalten, die Elemente, ein Baby, das geboren wird, und eine Frau, die sich etwas in den Kopf gesetzt hat.

Im Lauf der mythischen Säuberungsaktion, im Prozeß der patriarchalen Remythisierung der Wirklichkeit wurde Erde zu Dreck, Weichheit zu Schwäche, Kommunikation mit der Natur zu Wahnsinn. Die Unterwelt als Ebene unter den sichtbaren, greifbaren Wirklichkeitserscheinungen wurde zum Bordell des Universums. Es geht darum, wieder die alte Verbindung zur Unterwelt zu erlangen, sich mit allen Aspekten der Erscheinungen und des Verborgenen zu versöhnen, um an allen Erfahrungen zu wachsen, eingehüllt von allen Stoffen des Universums, genährt von allen Köstlichkeiten.

KORES GÄRTEN

Pflanzen wachsen, blühen, verdorren
keine Blume gleicht der anderen
jede erblüht in ihrer eigenen Zeit
in ihrer vollkommenen Gestalt
ohne Maß, ohne Vergleich.
Da gibt es Sümpfe und
alle Arten von Wasser
Erde und Sand.
Bewohnt von Lebewesen
aller Art sind die Gärten der Kore.
Die Nacht treibt vielfältige Düfte durch die Luft
die aufsteigende Sonne bringt Farben ans Licht.
Kore hütet ihre Gärten. Sie sät nicht
sie erntet nicht. Zu ihrem eigenen Herzschlag
tanzt sie durch die Gärten, verweilt hier, ruht dort
und steigt hinab
in die Geheimnisse des Dunkels
ohne Furcht.
Jung ist sie und alt.
Übermütig und weise.
Sie hütet ihr Wissen, bedauert nichts
bereut nichts
ihre Kraft kommt aus der
unendlichen Wiederholung aller Erfahrungen.
In den Gärten der Kore liegt die vollkommene Freude
der jungen Frau, das Erwachen.
Die Urkäfte des Universums

fahren gleich wilden Stürmen durch den Reichtum
ihrer Gärten und schneiden die schönsten ihrer
Pflanzen,
um sie zu neuem Leben anzuregen.
Sie kennt die Unbeschwertheit des Kindseins,
das Blühen, die trägen Freuden der Hitze und der
Faulheit. Sie ist die Hüterin der Pflanzen, die
Spielgefährtin der Tiere, die Mutter der Gärten, die
Alte, die durch alle Gefahren des Lebens
zur vollkommenen Heiterkeit erblühte.
Die Gebieterin der Unterwelt hütet die Knochen.
Sie kommt und geht ohne Bedauern. Sie ist.

Nicht die Antworten, die dir jemand gibt,
sondern die Fragen, die du dir selbst stellst,
bringen deinen Garten zum Blühen.

Ich betrat die Gärten der Kore zum ersten Mal durch die Hintertür. Ihre Entdeckung verdanke ich einem glücklichen Zusammentreffen unglücklicher Ereignisse. Ich war sehr jung und gerade sehr unglücklich. Ein Mann hatte mir grausam weh getan, eine Freundin hatte mich verraten, ein anderer Mann versuchte jetzt auch noch meine verzweifelte Situation auszubeuten.

Mein bisheriges Leben hatte ich vor allem mit Frauen verbracht, und alle Facetten weiblicher Kraft waren mir vertraut. Was ich nicht so recht verstand, war, daß außerhalb unseres Frauenclans andere Gesetze herrschten: Frau war eine zu dem Zweck, von Männern entdeckt und benutzt zu werden, Männer zu beglücken, anzuregen, zu unterstützen, zu nähren. Geboren als Serviceeinrichtung für Männer. Frau allein schien in dieser Welt nichts, „die Frau von", „Mutter von", „Schwester von", „Freundin von", „Sekretärin von" dagegen alles.

Frau sein war demnach ein unvollkommener Zustand, der nach Vollendung schrie – nach Zuordnung zu einem Mann. Damals gab es noch kein Fernsehen, jedenfalls nicht bei uns zu Hause, die Gebrauchsanweisungen für die Welt wurden noch nicht auf vierzig Kanälen in Bild, Ton und digitaler Raffinesse in Kinderhirne gepreßt. Es

brauchte noch lebendige Menschen, die in ihrer Lächer-
lichkeit, Unvollkommenheit, Ungeschicktheit unseren
Spott, unsere Verachtung ertragen mußten, wenn sie versuchten, in unsere Hirne einzudringen. Das war vielleicht
anstrengender als das Fernsehen, aber auch angreifbarer.

Auf der Flucht vor dem zudringlichen Kerl, der glaubte, leichte Beute zu jagen, tauchte das Tor der Gärten vor
mir auf. Leider hing ein Schild über dem Türgriff „Zutritt
nur für Göttinnen".

Bei aller Einbildungskraft – für eine Göttin wagte ich
mich damals wirklich nicht zu halten. Göttinnen waren
unnahbare, unerreichbare, vollkommene weibliche Geschöpfe, die mit Frauen nichts gemeinsam hatten. Noch
hatte ich die Stammeskulturen Afrikas und Asiens nicht
entdeckt, in denen die Ahnin die Göttin ist. Noch wußte
ich nichts von den überaus lebendigen Frauen, die zu
Göttinnen wurden – und wieder zu Frauen. Noch dachte
ich, Bescheidenheit sei der schönste Schmuck einer Frau,
wenn ich sie auch nicht erreichte.

Ich träumte davon, schön und unnahbar zu lächeln,
keine dreckigen Füße zu haben und in jeder Situation die
richtigen – sparsamen, aber überaus treffenden – Worte
zu sprechen.

Ja, göttlich sein wollte ich schon, ich vermutete sogar,
daß ich eine Göttin war, aber ich wagte noch nicht, es
auszusprechen und zu zeigen. Und ich hatte überhaupt
keine Ahnung, daß alle Frauen Göttinnen sind. Ich wurde
im kleinkarierten Spießerpatriarchat fleißig gehirngewaschen mit „Weisheiten" wie: Erst ein Mann macht dich zur
Frau. Zwar wurde bei uns zu Hause die Meinung vertreten, eine Frau wirst du durch die erste Menstruation, aber
in der Außenwelt existierte die ja gar nicht, die Binden
wurden in neutralen Verpackungen aus braunem Papier

verkauft. Einigermaßen andächtig sah ich gelegentlich ein Brautpaar vor einen Pfarrer treten, der sagte: Hiermit erkläre ich euch zu Mann und Frau, und manchmal mußte ich lachen. Wer soll der Mann sein und wer die Frau? Und was waren sie vorher? Ochs und Esel? Das Leben war rätselhaft. Ich war eine Göttin, aber ich wagte nicht, mein Glück zu testen und das Tor zu öffnen.

Ich rannte an der Mauer entlang, die Kores Garten schützte. Die Moiren, die Nornen, die Schicksalsgöttinnen, wer auch immer, wollten, daß ich in meiner Not die Hintertür entdeckte, verborgen im Gebüsch, in das ich mich verkrochen hatte. Ich zögerte nicht, und mein Verschwinden in den Gärten der Kore ereignete sich keinen Lidschlag zu früh, glücklicherweise auch keinen zu spät. Aber konnte es überhaupt jemals zu spät sein? Umhüllt von nie gerochenen Düften tastete ich mich voran.

Eine Stimme flüsterte mir zu: Ich sollte einen König heiraten, der gegen uns Krieg führte. Ich war als Siegestrophäe ausersehen, den König mild zu stimmen. Mein Vater hatte sich praktisch mit dem Eroberer geeinigt. Als ich den Kerl sah, fiel mir das Herz in meine geflochtenen Strohschuhe. Niemals! rief ich und sprang vom Felsen. Die Luftgeister ließen mich sanft zu Boden gleiten, wo meine Füße die Erde berührten, entsprang eine Quelle.

Wo bist du? Und wer bist du? fragte ich.

Mein Name spielt keine Rolle. Mein Schicksal hat sich in allen Kulturen, an allen Orten dieser Welt ereignet. Ich bin die Frau, die mit der Unterwelt Bekanntschaft gemacht hat, die durch Qualen und Tränen ging und sich daraus befreite.

Warum steht dann an deiner Tür: Zutritt nur für Göttinnen? Warum läßt du die gequälten, die weinenden Frauen nicht eintreten?

Solange sie weinen und ihren Qualen nachhängen, jammern, sich immer wieder kaufen lassen, schaffen sie es nicht, das Tor zu öffnen. Frauen müssen sich an die Göttin erinnern, um meine Gärten sehen, um sie betreten zu können. Leiden ist nicht genug. Warten ist nicht genug. Klagen ist nicht genug. Nicht einmal Rache ist genug. Rache ist langweilig. Die Göttin in jeder Frau ist die weibliche Kraft, die alles wagt, alles gewinnt und niemandem Rechenschaft ablegt. Bist du bereit?

Zu allem. Immer, sagte ich. Ich habe es nie bereut.

Jetzt muß ich gehen, sagte sie.

Warum gerade jetzt? fragte ich. Ich brauchte sie doch. Brauchte ich sie?

Ich möchte ein wenig an der Unterwelt naschen, sagte sie.

Erzähl mir von dir, bat ich.

Ein anderes Mal, sagte sie.

Ihr Lachen sank in meine Träume ein, die schillernden Farben des Regenbogens umspielten mich, während sie verschwand. An der Unterwelt naschen? Hm.

Frau sein – paradoxer Zustand. Du fängst an zu bluten und bist nicht verletzt. Du hörst auf zu bluten und bist verletzt. Frau sein – ein Zustand, der von Männern definiert, begleitet, verarztet, kulturell eingeordnet, bewaffnet niedergeschlagen, militärisch geregelt, politisch eingeebnet, menschlich heruntergespielt wird.

Zur Zeit ist es gerade so Mode: „Frauen sind blöde Tussen (oder heißt es Luder?), das mußt du doch zugeben. Karrieristinnen! Und wie sie die Männer ausnehmen! Ich kenne so viele strohdumme, angepaßte, kokette, intrigante, gemeine Frauen, daß man es kaum beschreiben kann. Frauen, die sich schlagen lassen, obwohl es endlich Gesetze gibt, um das zu verhindern. Frauen, die auf den Strich gehen und stehlen, um ihre Männer zu halten. Frauen, die Kind um Kind auswerfen, weil sie nicht nein sagen können. Frauen, die sogar in den Krieg ziehen, um nach oben zu kommen. Frauen, die auf Topjobs verzichten, weil sie lieber heiraten und Kinder kriegen. Frauen sind selber schuld."

Habe ich eins der aktuellen Argumente gegen Frauen vergessen?

Doch davon soll nicht die Rede sein, weil diese Argumentationskette ein langweiliger Teilbereich einer langwierigen, phantasielosen Entwicklung ist. Frau sein – ein zyklischer Zustand, immer wieder das Gleiche ein wenig anders. Jeden Tag Betten machen, jeden Tag einen Haushalt in Ordnung bringen, jeden Tag kochen, jeden Tag vor dem Spiegel stehen: Wie sehe ich aus? Bin ich dicker geworden? Dünner? Soll ich mich schminken? Habe ich Falten? Was soll ich anziehen? Diese Schuhe? Paßt diese Jacke zu diesem Rock? Was denken die anderen von mir?

Jeden Tag fängt alles von vorne an. Jeden Monat das Blut. Jeden Monat vielleicht Schmerz, jeden Monat Anspannung, Depression, Bauchkrämpfe, Aggression, Wärmflasche, Tee, Seufzen. Nicht unbedingt immer und bei allen Frauen, aber bei vielen, oft.

Tag für Tag, Jahr um Jahr drehen sich Frauen um die eigene Achse. Das gilt als unpolitisch, egozentrisch und reaktionär, aber kein politisches Bewußtsein der Welt ändert das Zyklische. Neumond, wachsender Mond, Vollmond, abnehmender Mond. Romantisch oder nicht, überflüssig oder nicht, politisch korrekt oder nicht, so ist es mit dem Mond. Kein Mensch auf der Welt kann verhindern, daß der Mondzyklus und der Menstruationszyklus, die Gezeiten der Meere und die Gezeiten der Pflanzen und Tiere zusammenhängen, daß das Wasser im eigenen Rhythmus tanzt, daß sich die Energien der Erde mit den Energien des Universums verbinden.

Mag eine Frau Termine in wichtigen Büros in eindrucksvollen Banktürmen aus Glas und Stahl haben, mag sie die Chefin eines Großkonzerns sein oder Parteiboss ohne offensichtliche Geschlechtszugehörigkeit – die Spur des Bluts holt sie so zielsicher ein wie die Schwerkraft der Erde den Kugelschreiber, der im vierzigsten Stock zu Boden fällt, nachdem er einen Vertrag zur Vernichtung der Erde unterschrieben hat.

Es gibt keinen Zustand des Nicht-Elementaren. Sie arbeiten daran, das ist wahr, aber es wird kaum gelingen, den Spiraltanz der Erbinformation, der Atemluft, der Flüssigkeiten im Körper, den Spiraltanz von Luft, Wasser,

Feuer und Erde auf unserem Planeten dauerhaft zu stören, zu verhindern und zu beenden. Statt dessen finden wir uns immer wieder am Anfang, da wo schon vor Millionen von Jahren die ersten Menschen waren: Energie, die abgegeben wird, muß von irgendwoher wieder einfließen. Der Körper braucht Luft, Wasser und Nahrung, das Feuer der Verdauung, und er geht durch zyklische Phasen.

Vielleicht wird das Mittelmaß irgendwann zum Gesetz, alle Menschen sind um die dreißig, haben keine besonderen Kennzeichen, unterscheiden sich weder in Größe noch in Hautfarbe, weder in Geschlecht noch in Lebensgewohnheiten oder Traditionen voneinander, allesamt geklont aus dem Idealmodell und in Labors auf Nährlösung gezogen. Dieser Hitler-Traum wird unverdrossen von Wissenschaftlern weitergesponnen, vermutlich weil sie endlich von diesen unzuverlässigen Frauen unabhängig sein wollen, die krumme und schiefe Kinder gebären, statt sie rechtzeitig ans Idealbild anzupassen oder abzutreiben.

Überhaupt diese Frauen. Sie verdrehen Männern den Kopf, sofern vorhanden, und lassen sie dann nicht zum einzig erstrebenswerten Ziel kommen. Zieren sich. Tun so, als wüßten sie nicht, daß Essen und Wein Trinken in Wirklichkeit Vorspiel, sexuelle Stimulation ist. Manchmal ziehen sie sich im letzten Augenblick zurück, nachdem die Rechnung eine astronomische Höhe erreicht hat und dem Mann nur noch mühsam entzückende Worte einfallen wollen. Sie spielen ihre sinnlichen Reize aus, lassen die Brüste ein wenig heraushängen, schieben den Rocksaum etwas höher, und während sie mit den aufsteigenden Energien der Männer spielen, lösen sie sich genauso spielerisch vom genitalen Ernst. Und wundern sich, wenn diese hochgereizten, nunmehr unberechenbaren Männer zu Tieren werden, weil sie der Meinung waren, ein Mann müsse mit einer Erregungssituation nicht nur biologisch, sondern auch intellektuell umgehen können.

Kopulationswünschen widersetzen sie sich mit Argumenten wie: Ich habe meine Tage. Ich habe Kopfschmerzen und will meine Ruhe. Ich finde es erschreckend, wie primitiv du bist. Laß uns doch einfach gute Freunde sein. Oder sie lachen einfach, was tödlich sein kann. Wer eine Frau demütigt, über ihren Körper, ihre Geschichte, ihre Erscheinung lacht, kann mit Tränen rechnen, mit verbalen Ausbrüchen, mit Aggression. Aber eine Frau, die einen Mann demütigt, muß mit dem Tod rechnen.

Die Menstruation steht zwischen Frauen und Männern wie ein rotes Tuch. Und dann ist sie endlich vorbei, und alles könnte gut werden. Von wegen. Jetzt ist die Frau zu alt. Eine alte Frau ist die Mörderin deiner Kinder, sagt ein Sprichwort aus Benin, Westafrika. Mörderin deshalb, weil eine alte Frau keine Kinder gebären kann. Wie viele Männer zu tätlichen Mördern ihrer Kinder werden, spielt in Sprichworten keine Rolle.

In Benin jedenfalls traf ich einen Mann, der nachts mit einer jungen schönen Beninerin tanzen und knutschen ging und tagsüber mit einer alten weißen Frau am Strand lag (sie war damals etwa so alt wie ich heute). Wie kommt's? fragte ich ihn. Die Alte ist das Steak und die Junge die Schokolade, wandelte er flugs das Beniner Sprichwort zu seinem Vorteil um.

Ich hatte schon immer, auch als ich noch die Schokolade war, so ein vages Unbehagen: Ist es nicht egal, ob du wegen deines Körpers oder wegen deines Geldes begehrt wirst? Wahrgenommen wirst du so oder so nicht. Beide Zustände lassen dir und deiner Einmaligkeit keinen

Raum. Aber vielleicht ist es ja so, daß Männer zu Stein erstarrten, wenn sie die Komplexität der weiblichen Empfindungen, Gedanken und Gewebe verstünden?

In Ghana gibt es ein Dorf der „Hexen", in dem Frauen leben müssen, die nicht oder nicht mehr gebärfähig sind und deshalb als böse Zauberinnen geächtet und aus ihren Dörfern vertrieben wurden. Sie werden von ihren Familien nicht unterstützt und überleben notdürftig von dem Wenigen, das sie selbst anbauen können. In Indien werden Witwen verbrannt. Wer braucht sie, nachdem ihr Besitzer tot ist? Bei uns läuft die Sache subtiler ab. Die Ehemänner machen sich mit jungen Frauen davon, und die verlassenen Frauen schauen in den Spiegel: jenseits der Fruchtbarkeit, alt, verlassen, häßlich, unglücklich.

Oder? Immer mehr Frauen schauen in den Spiegel, prüfen ein neues Hütchen oder ein Palästinensertuch und sagen: Endlich kein Stress mehr, jetzt kann ich loslegen. Die Veranstalter organisierter Reisen leben davon, daß Frauen im Alter unternehmungslustiger werden, während Männer meist lieber zu Hause bleiben. Bricht eine Ehe auf, beginnt für Frauen oft eine neue Freiheit – jetzt muß ich nur noch den Hund/den Kanarienvogel/den Untermieter/den Sohn, der zum Waschen/Essen kommt, loswerden!

Alte Frauen, böse Schwiegermütter, vertrocknete Jungfern, prüde Zicken haben jahrhundertelang die Witzindustrie ernährt, Stammtische zu brüllendem Gelächter hingerissen, Frauen voneinander entfernt, junge Frauen in panische Angst vor dem Altwerden getrieben. Jetzt gibt es diese Generation älterer Frauen, die aller Welt beweisen: Altwerden heißt nicht, auf Jugendlichkeit zu verzichten – Lauren Hutton, Sophia Loren, Hannelore Elsner, Iris Berben und wie sie alle heißen. Diese Generation trifft auf die erste Generation genmanipulativer Kosmetik, auf Jugendhormone und ärztlich verordnete Schönheit.

Wir sind wieder wer. Wir sind wieder auf dem Markt. Fünfzig plus erobert die Frauenzeitschriften, die Werbung, die Fernsehproduktionen. Hinter allen Anstrengungen älter werdender Frauen steht immer der Anspruch: Wenn du schon alt wirst, dann sei wenigstens originell, interessant, attraktiv, schön oder geliftet. Warum eigentlich? Warum können wir nicht einfach alt werden wie eh und je? Wem müssen wir was beweisen? Was beweisen Männer uns? Daß sie nicht mehr erektionsfähig sind, daß sie sich, je älter sie werden, um so weniger dafür interessieren, wie Frauen leben, denken oder fühlen? Natürlich gibt es mittlerweile Männer, die sich liften lassen, zur Kosmetikerin gehen und unter Modestress, Kaufrausch und Eßstörungen leiden. Der Markt ist gnadenlos – für alle. Aber der neue Trend hat die Werte verschoben.

Früher wurden die Frauen alt, waren Großmütter, wurden zum Kinderhüten abgestellt und ab und zu nach einem Rezept oder einer alten Geschichte ausgefragt. Der Frau als Serviceeinrichtung müssen wir nicht nachweinen, das ist für ein Leben zu wenig und sogar für eine Lebensphase reichlich dürftig. Heute nähern wir uns einer ganz anderen Möglichkeit. Einerseits haben wir Wissen und Erfahrungen gesammelt, andererseits sind wir körperlich wesentlich kräftiger und lebendiger, als es die alten Frauen noch vor fünfzig Jahren sein konnten. Wir hauchen den Rest unseres Lebens nicht als Energiequelle für andere aus, sondern bewegen uns mit allen Impulsen auf unsere Quintessenz zu.

Frauen sind wie der Mond? Erobert, bestiegen, mißbraucht, niedergetrampelt, vermessen, fotografiert? So wahr wie das Abenteuer Mondlandung sind auch die vielen Abenteuer der vielen Männer, in denen sie Frauen verführt, entzückt, befriedigt, zur Raserei gebracht haben. In your dreams, sagt die Engländerin.

Frauen kommen zu kurz, weil es den meisten Männern nicht schnell genug gehen kann, aber sie brauchen oft ein halbes Leben, bis ihnen über die Männermythen von der Mondlandung bis zur Landung bei Frauen ein Licht aufgeht. Wer erzählt das? Eine Frau in den Wechseljahren, eine frustrierte alte Kuh, die nur neidisch ist, weil sie keinen Mann mehr findet? Eine vertrocknete Jungfer, eine streitsüchtige Querulantin, eine säuerliche alte Schachtel? Eine Frau, die es wissen will.

So war ich schon immer. Mein Verschleiß an Männern ist bemerkenswert. Auf der Suche nach dem vollkommenen Liebhaber ging es mir wie dem Wanderer auf der Suche nach der blauen Blume – es gibt den Mythos, aber gibt es auch eine irdische Entsprechung dafür?

Was ist hinter dem Spiegel?

Wir werden als vollkommenes Universum geboren, Körper, Energie, Impulse und die Fähigkeit, anderswo anzudocken, geben uns, was wir auf dieser Erde brauchen. Trotzdem – dumm gelaufen. Wir kommen hierher, und irgend jemand hat schon den Planeten mit Regeln und Geboten überzogen. Männer geben den Ton an, obwohl sie das Lied nicht kapieren, der Prototyp Gott ist auch ein Mann und verzeiht Männern so ziemlich alles, weshalb sie sich seit Jahrhunderten austoben.

Frauen, im Volksmund auch Büchse, Muschi, Votze, Mutter genannt, werden geboren, um zu dienen. Ich weiß, wir sind im 21. Jahrhundert, aber was heißt das schon? Werden Mädchen und Frauen nicht mehr sexuell ausgebeutet? Fahren Männer nicht nach Tschechien, Polen, Afrika, Asien, insbesondere nach Thailand und auf die Philippinen, um den Frust, den selbstbewußte starke europäische Frauen bei ihnen erzeugen, mit mittellosen Frauen abzubauen, weil sie zu faul und unfähig sind, den evolutionären Sprung vom Affen zum Menschen zu tun? Hungern sich junge Frauen nicht zu Tode, um in die Mode hineinzupassen, die in Glamourblättern an halbverhungerten Models aufgehängt wird? Fühlst du dich in der Frauenabteilung von H&M nicht wie in der Kinderabteilung? Prahlen Männer nicht nach wie vor mit ihren „sexuellen Abenteuern", die sich in Frauenkreisen ganz anders anhören? Ich bringe meine Freundin zehnmal zum Orgasmus, gab ein Mann vor anderen Männern an, seine

Freundin riß nur die Augen auf. Sie stellte ihn vor seinen Freunden nicht bloß, aber als die beiden nach Hause kamen, flogen die Fetzen. Mein Orgasmus ist dir doch so was von egal, schrie sie, Hauptsache, du kannst deinen blöden Freunden imponieren! Frauen können mehrere Orgasmen haben, wurde er pädagogisch. Wenn du das nicht schaffst, hast du noch einen Lernprozeß zu machen.

Wie können wir von Sexualität sprechen, wenn sie von Ausbeutung geprägt ist? Welche Frau kennt überhaupt ihre Sexualität? Welche Frau hat den Mut, ihrem vollkommenen Universum auf den Grund zu gehen und dabei alle Erwartungen und Ansprüche abzuwerfen?

Mit der „sexuellen Revolution" schienen alle Hindernisse beseitigt zu sein – für Männer. Frauen waren nun Tag und Nacht geöffnet wie öffentliche Toiletten. Wollte eine Frau kein Kind, so sagten die Männer: Nimm die Pille. Sei nicht so verklemmt. Kinder machen konnten sie, können sie fast alle, aber von gutem Sex, von genießerischer Sinnlichkeit haben sie wenig Ahnung. Und Frauen tun immer noch so ziemlich alles, um sexuell attraktiv zu sein. Als gebe es Männermangel!

Ich hatte in meinem dreiundfünfzigjährigen Leben vier brillante Liebhaber. Vier! Brillant waren sie, weil sie es ertrugen, daß ich bei mir blieb, während ich sie wahrnahm. Sie hatten Witz, Zartheit, Frechheit und fielen nicht gleich in einen traumatischen Schock, wenn ich zu lachen anfing.

Als ich zum ersten Mal eine Frau körperlich liebte, fiel mir auf, wie komplex ich selbst bin. In meinem Spiegelbild fand ich zu meinen eigenen Geheimnissen. Und je mehr angebliche weibliche Geheimnisse in der Werbung, in den Medien preisgegeben werden, um so deutlicher fällt mir etwas anderes auf: Männer der weißen Gesell-

schaft orientieren sich immer noch an der Nahrungs-
quelle, den Brüsten. Sie drücken am relevanten Punkt,
der Klitoris, die sie für eine Art Startknopf halten, herum,
kneten Brüste und erwarten, daß Frauen wie in billigen
Pornofilmen in Ekstase geraten. Je aufgeklärter und wis-
sender sich die Herren der Schöpfung geben, um so mehr
wird klar: Die meisten haben keine Ahnung. Vom Tuten
und Blasen vielleicht, aber sonst von gar nichts. Sie beten
Pornohefte an und verehren Plastikbeutel mit Silikon, die
Frauen unter die Brust gepflanzt wurden.

Wer fragt: „Ist Sex wichtig?", kann auch fragen: „Ist es
wichtig, sich satt zu essen?" Man überlebt, wenn man sich
nicht satt ißt und gerade genug zum Leben hat. Man überlebt auch, wenn man keinen guten Sex hat. Aber was hat
Überleben mit Leben zu tun? Die Wissenschaftler tun
alles, um Fortpflanzungsrituale überflüssig zu machen,
dabei wären sie durchaus noch ausbaufähig. Sie werden
es nie schaffen, guten Sex überflüssig zu machen, aber sie
werden vielleicht auch nie verstehen, was das ist.

Männliche Tiere befruchten weibliche Tiere, fressen
oder töten ihre Jungen und leben ihre Aggressionen voll
aus. Kein Grund für Männer, dasselbe zu tun. Frauen
bauen Nester, schmücken sie aus, ziehen Kinder groß
und machen noch aus der miesesten Situation eine Exi-
stenzgrundlage.

Der Unterschied zwischen Menschen und Tieren soll
angeblich die Fähigkeit zum Denken, Analysieren und
bewußten Handeln sein.

Aber wo steckt die?

Als ich geboren wurde, hatte ich Glück. Die alte Hebamme hatte meinen Vater fortgeschickt, der sie die ganze
Nacht genervt hatte: Diesmal wird's ein Bub! Wehe,
wenn's kein Bub wird. Ich wurde mit dem ersten Licht

des Tages in eine Frauentriade geboren: die junge Frau (ich), die Mutter, meine Mutter, und die weise Alte, die Hebamme. Bei der Geburt lachte ich.

Wenn ich in der Nacht von Freitag auf Samstag nach dem Frauenstammtisch zu Hause noch einmal durch die TV-Kanäle zappe, sehe ich Männervisionen von Sex und Gewalt. In Fernsehfilmen leben Männer ihre Lust am Quälen, Befehlen, Frauen Erniedrigen, Benutzen, Beschmutzen, Foltern, Töten aus. Anscheinend finden auch die Männer, die sich fortschrittlich geben, das völlig in Ordnung. Sind ja nur blöde Fernsehfilme.

Was gerufen wird, kommt.

Was gerufen wird, war vorher bereits Realität, sonst wäre es nicht gerufen worden.

Sex und Gewalt verkaufen sich gut. Je mehr Männer in ihren Phantasien bestätigt werden, um so erfolgreicher sind die entsprechenden Produktionen. Wenn auf allen Kanälen Sex und Gewalt gezeigt werden, heißt das, daß es ein großes Bedürfnis, ein großes Publikum dafür gibt.

Wo Männer noch Männer sind, können Frauen noch Frauen sein, sagte einer, der auf Westernromantik abfährt. Wenn ich das höre, denke ich an Soldaten und Prostituierte. Trotz Friedensbemühungen von allen Seiten flammen überall Kriege auf. Menschen werden erschossen, zerfetzt, vergewaltigt, zerstückelt, bombardiert, ausgehungert, mißbraucht, versklavt. Die Rüstungsindustrie boomt.

Die Würde des Menschen ist unauffindbar.

Wie oft habe ich versucht, mich jenseits des Klischees „Frau" zu sehen, zu definieren. Ich stelle mich vor den Spiegel und frage mich: Was siehst du? Ich sehe dann, je nach Verfassung, ein bleiches oder gebräuntes Gesicht, struppige Haare, die Augen je nach Sonnenlage braun (im

Winter) oder gelb (in der Sonne). Ich denke daran, daß kaum ein Mann in den Spiegel schaut und sich fragt, ob er sich schminken sollte. So wie auch kaum ein Mann nachts wach liegt und Angst vor einer Vergewaltigung hat. Als mein letzter Liebhaber, Engländer, über meine Beine strich, sagte ich schon fast automatisch: I don't shave my legs. Er darauf: Neither do I. Eben.

Wenn ich meinen Körper betrachte, denke ich an die Fremdeinwirkungen, die im Lauf der Zeit darüber gewandert sind. Sexuelle Übergriffe, von meinem Vater, von Arbeitgebern, auch solche, wo ich zu schüchtern war, um einem von Testosteron gejagten Freund eine Grenze zu setzen. Meine Jugend war – wie bei allen meinen Freundinnen – von dem Gedanken beherrscht: Egal wie traumtänzerisch und verrückt du sonst sein magst, du mußt irgendwie einen Mann angeln, denn ohne bist du nichts.

Nichts ist der Anfang von allem, sagen die Buddhisten. Es dauerte nicht besonders lange, bis ich das begriff.

Einmal mußte der Blinddarm raus, am rechten Oberschenkel gibt's eine Narbe von einer Knochenmarksentzündung in der Kindheit, das ist optisch unproblematisch. Die lange Narbe am linken Oberschenkel ist schon etwas häßlicher. Und die ganz neue Narbe, die den Bauch hinaufkriecht, ist wohl erst eine Zier, wenn ich ihr mit Henna einen Schlangenleib gezeichnet habe. Aber daß ich überhaupt über die Optik nachdenke, macht mich zur „Frau", denn Narben, die einen Mann zu adeln scheinen, machen die Frau zur Ware mit Mängeln. Wie ich auf den Begriff Ware komme? Neulich sagte eine Frau zu mir, sie habe ein Problem mit dem Älterwerden, weil sie jetzt „vom Markt" sei. Das klang nach Salat. „Drück mich erst, wenn ich dir gehör", stand an einem Salatstand auf dem Münchner Viktualienmarkt.

Sind Frauen so blöd, daß sie jedes Klischee erfüllen und es nicht schaffen, jenseits der Masken und Erwartungen eine eigene Identität aufzuweisen? An dieser Stelle meiner Überlegungen bekomme ich immer ein leichtes saures Aufstoßen aus dem Magen, das mit Adrenalinschüben und dem Festzurren der Kiefermuskeln einhergeht. Wenn ich's bemerke, sage ich mir, entspanne dich, du mußt die Probleme des Frau-Seins nicht sofort und für immer lösen. Was in Tausenden von Jahren durch viele Einflüsse gewachsen ist, kannst du nicht in dreißig Jahren richten und schon gar nicht allein.

Ich kann mich nicht individuell als Frau oder Mensch definieren, ohne mich in Zusammenhang mit dem Umfeld zu sehen, in dem ich lebe, von dem ich mich nähre, das mich natürlich auch trägt, denn ganz allein, das habe ich in der Wüste begriffen, bin ich nicht lebensfähig, so gern ich allein bin und so wertvoll die Erfahrung für die Erweiterung meiner Selbstwahrnehmung ist.

Dieses Umfeld ist geprägt von einem Phänomen, das mir nach mehr als dreißigjähriger Arbeit mit Frauen klar wurde, ich nenne es das Entführungssyndrom. Wenn Menschen entführt werden, beginnen sie nach einer Weile, sich mit den Entführern zu identifizieren, weil die die stärkeren sind und weil es fast unmöglich ist, sich in der Gewalt von Stärkeren zu befinden und aus einer vollkommen machtlosen und rechtlosen Situation dagegen dauerhaften Widerstand aufzubauen. Viele weibliche Entführungsopfer verlieben sich in ihre Entführer und machen mit ihnen gemeinsame Sache (Patricia Hearst ist so ein Beispiel). Vieles spricht dafür, daß die Situation von Frauen der von Entführungsopfern ähnelt, und es hilft nicht viel, sich immer wieder zu ermahnen, die Klischees des Frauenbildes zu durchbrechen. Wir leben nicht losgelöst von geschlechtsdefinierten Zusammenhängen, täglich werden wir daran erinnert.

Ich hatte ein Haus auf Lanzarote gemietet und verbrachte dort eine Art Traumzeit. Ich aß und schlief, wie ich Lust hatte, sprach tagelang mit niemandem, zog nachts los in die Lavafelder, schwamm früh am Morgen nackt im Meer. Ich fühlte mich vollkommen glücklich. Eines Nachts klopfte es ans Fenster, ich war noch auf, las in Diane di Primas Autobiographie. Ich öffnete das Fenster. Draußen stand ein österreichischer Freund der Besitzerin, der glaubte, sie sei im Haus. Ich gab ihm ihre neue Nummer und schloß das Fenster. Für mich war die Sache erledigt. Für ihn nicht.

Am nächsten Abend klopfte es wieder. Wir tranken ein Glas Wein zusammen. Er war wirklich ganz nett. Aber er verstand überhaupt nicht, daß ich allein sein wollte, daß ich gern allein bin. Eine Frau braucht doch einen Mann. Auf jeden Fall freut sie sich über den Glücksfall, daß freiwillig einer daherkommt. Am nächsten Abend klopfte er ans Fenster, obwohl das Haus dunkel war. Ich kam gerade von einem meiner nächtlichen Streifzüge zum Vulkan zurück und hatte keine Lust, mit ihm zu reden. Ich wartete, bis er wieder weg war.

Männer können eigenbrötlerisch sein, mit niemandem reden, tage- und wochenlang irgendwo hausen, so sind halt Männer. Wenn eine halbwegs attraktive Frau das macht, kommt gleich ein Mann mit der Haltung an: Wenn ich dich nicht befruchten kann, will ich dich wenigstens vollquatschen, mir ist so langweilig.

Frauen haben oft kalte Füße und Hände. Und Männer erwähnen das gern kritisch. Kalte Extremitäten sind Zeichen für einen Schockzustand. Ich finde es bemerkenswert, daß mehr als die Hälfte aller Frauen ständig unter

Schock steht, erstaunlich finde ich es nicht. Das Entführungssyndrom entfremdet die Opfer von ihren Bedürfnissen und Wünschen. Tag und Nacht muß die Sehnsucht nach Freiheit kontrolliert werden. Sie darf nicht nach außen dringen, weil sonst Strafmaßnahmen drohen.

Ich habe meistens warme Hände und Füße. Wie kommt's? Ich habe mir mein Leben so eingerichtet, daß ich meine Lebenslust wecken, meine Freude nähren, meine Stille bewahren kann. Und in dieser Stille kann ich auch das Klischee fallen lassen. Ich bin einfach Teil der Natur. Je stiller ich werde, um so mehr kommt mir die Natur entgegen, ihre feinen Impulse sickern in meine Haut ein. Ich höre auf, Individuum, gesellschaftliches, soziales Wesen zu sein. Ich bin einfach da.

Und hinter dem Spiegel ist – nichts.

Frauen sind weich.
Frauen sind klug.
Frauen sind verblüffend.
Frauen sind faul.
Frauen lassen sich ausbeuten.
Frauen sind gnadenlos.
Frauen sind hilfsbereit.
Frauen sind doof.
Frauen sind hingebungsvoll.
Frauen sind übermütig.
Frauen sind mutig.
Frauen sind feige.
Frauen sind vorsichtig.
Frauen sind vorsorglich.
Frauen wollen immer das letzte Wort haben.
Frauen haben nichts zu sagen.
Frauen haben kein Geld.
Frauen nehmen Männer aus.
Frauen lassen sich alles gefallen.
Frauen begehren auf.
Frauen wehren sich.
Frauen greifen an.
Frauen informieren sich.
Frauen lassen sich nicht über den Tisch ziehen.
Frauen werden vergewaltigt.
Frauen werden geschlagen.
Frauen schlagen zurück.

Frauen lügen.
Frauen betrügen.
Frauen sagen schonungslos die Wahrheit.
Frauen trinken.
Frauen rauchen.
Frauen tauchen.
Frauen singen.
Frauen sind wunderschön.
Frauen sind müde.
Frauen sind langweilig.
Frauen sind aufregend.
Frauen erreichen, was sie wollen.
Frauen sind toll.
Frauen sind maßlos.
Frauen sind gottlos.
Frauen lassen sich betrügen.
Frauen lassen sich belügen.
Frauen sind das Letzte.
Frauen sind unersetzlich.
Frauen sind empfindlich.
Frauen sind so kindlich.
Frauen müssen jung und schön sein.
Frauen wollen nicht allein sein.
Frauen tun sich zusammen.
Frauen haben Power.
Frauen haben Eigenmacht.
Frauen lachen.
Frauen kichern.
Frauen kriegen Kinder.
Frauen wachen mit fünfzig auf.
Frauen genießen.
Frauen sind begabt.
Frauen sind genial.

Frauen sind banal.
Frauen sind wunderbar.
Frauen quetschen sich in Mieder und Stöckelschuhe.
Frauen hungern.
Frauen fressen.
Frauen vergessen.
Frauen verzeihen.
Frauen schenken.
Frauen denken.
Frauen träumen.
Frauen zaubern.
Frauen geben ihre Macht den Männern.
Frauen verkaufen sich.
Frauen können sich schlecht verkaufen.
Frauen schlagen zu.
Frauen schreien.
Frauen sind listig.
Frauen sind witzig.
Frauen sind uferlos.
Frauen suchen.
Frauen sind bescheiden.
Frauen leiden.
Frauen verändern.
Frauen trauern.
Frauen kämpfen.
Frauen genießen.
Frauen pflegen.
Frauen erregen sich.
Frauen bewegen.
Frauen sind.

SCHNECKEN, ZWETSCHGEN, ALTE SCHACHTELN

Frauenstammtisch. Wir sitzen bei Emmi in der Wirtschaft, fünf Frauen zwischen fünfzig und fünfundsechzig. Wir haben eine Besucherritze für Männer, die ab und zu, für ganz kurze Zeit, an unserem Tisch sitzen dürfen. Einer ist mal in Ungnade gefallen und darf nicht mehr kommen. Er bezeichnete uns scherzhaft als alte Schachteln. Nicht daß wir keine Selbstironie hätten, aber wir haben einfach keine Lust mehr auf lauwarme Machosprüche, auch wenn sie locker über den Tisch fallen.

Am Nebentisch sitzt an diesem Abend ein über neunzigjähriges Männchen, es wurde von seiner Tochter hereingeführt, weil es nicht mehr allein gehen kann, trinkt sein Bier und sagt jetzt, bevor es zum Taxi hinausgeführt wird: Das nächste Mal darf eine von euch, die es besonders nötig hat, mit mir heimfahren. Wir fangen an zu kichern und zu gackern.

Sitz ich in dem Restaurant,
will mein Bier genießen,
kommt ein bucklig Männlein an,
will es mir vermiesen.

Ich meine, was glaubt dieses todgeweihte Kerlchen eigentlich? Was hätten wir wohl besonders nötig? So einen Machozombie zu pflegen vielleicht? Frauen in unserem Alter sind natürlich manchmal gnadenlos, das bringen die Wechseljahre mit sich. Ich bin ja keine Christin, da kann ich mir das Getue sparen. Ich kann den Abgrund sehen, der sich auftut. Kali tanzt.

Am nächsten Abend spricht in meiner Stammkneipe ein Typ von „Schnecken". Ich frage ihn, was er damit meint. Weiber halt, sagt er. Weiber! Schnecken! Da bricht ja das Mittelalter durch. Es ist nicht so wahnsinnig überraschend für mich, daß manche Männer respektlos, gedankenlos von Frauen sprechen. Überrascht bin ich immer nur, daß gerade diese Männer von Frauen völlig abhängig sind. Daß sie eigentlich nur von dem Gedanken besessen sind, ob sie sexuell attraktiv sind, ob sie es bringen mit Frauen, ob sie das, was in ihren Köpfen vorgeht, noch in physische Aktion umsetzen können.

Doch, es gibt sie schon, die Männer, die dies Männerbild in Frage stellen, die frei genug sind, über Klischees zu springen, denen der ewige Revier- und Profilkampf auf die Nerven geht und die auch den Mut haben, zu ihren Zweifeln zu stehen; aber wenn sie für ihre aufopfernde Haltung dann nicht gleich die volle Anerkennung bekommen, sind sie beleidigt und schimpfen auf die Frauen, die nur potente Angeber mit dicken Autos wollen. Wenn sie schon „an sich arbeiten", wollen sie von Frauen dafür auch anerkannt und gelobt werden. Als ginge es darum, eine Veränderung des männlichen Rollenbildes durchzuziehen, damit die Frauen endlich Ruhe geben.

Tiefgehende Veränderungen im Rollenverhalten sind für Frauen und Männer gleich schmerzhaft und werden kaum jemals anerkennend begleitet. Deshalb gibt es vermutlich so viele Männer, die den Evolutionssprung zum Menschen partout nicht machen und vermutlich irgendwann von Qualitätsklonen abgelöst werden, während Frauen über ihre Gefühle sprechen, zu Computerexpertinnen werden, Wohnungen einrichten, Regale bauen, sich für andere Kulturen interessieren und Friedensdemonstrationen organisieren.

Sollen wir für solche lernunfähigen Zellhaufen wirklich Mitgefühl entwickeln?

Es wird nicht besser. Ich treffe einen alten Liebhaber wieder, wir haben die fatale Idee, noch einmal miteinander ins Bett zu gehen. Zuerst gibt er mir die Bestnote: Du bist wirklich eine Frau geworden. Dann wird er plötzlich zum Begattungsautomaten, weil er irgendso eine blöde Männerdroge genommen hat. Ich schlüpfe unter ihm hervor und denke an den Fußballer, mit dem ich mal eine Nacht verbrachte. Deine Liegestützen kannst du auch ohne mich machen, sagte ich damals zu dem – ich konnte nicht fassen, was er unter einer „Liebesnacht" verstand.

Erst wollte er unbedingt mit mir schlafen und raspelte Süßholz, bis ich nachgab, erzählte eine Frau von einem Kollegen. Kaum waren wir im Bett, fing er an, mich zu kritisieren, hatte an meinem Busen und Hintern was auszusetzen, erwähnte die Schwangerschaftsstreifen, wie verklemmt ich sei und was ich alles nicht habe und bringe.

Daran denke ich, als ich mich anziehe und gehe. Es ist halb drei Uhr nachts. Ich fühle mich beschwingt, schüttle den Kopf und muß lachen. Männer, echt! Ein Taxi hält. Der Taxifahrer ist geschwätzig und redet von der Nacht und ihren Gefahren und von Zwetschgen. Was meinen Sie mit Zwetschgen? frage ich. Na, Weiber halt, sagt er. Halten Sie an, sage ich. Steige aus. He, das Geld, ruft er. Von Zwetschgen gibt's kein Geld, sage ich, da kannst du jeden Zwetschgenbaum fragen. Er besteht nicht drauf.

Ein neues Jahrtausend hat begonnen, und da bewegen sich immer noch Männer, die sich für ganz tolle Hechte halten, für erhabene Wesen, die es nicht nötig haben, ihre Denkvorrichtung einzuschalten. Aber vielleicht ist da gar nichts. Bekanntlich schießt ja alle acht Minuten das Blut in den Unterleib, da bleibt fürs Hirn nicht viel übrig.

Aber was ist mit den sieben Minuten dazwischen? Vielleicht entsteht da ja eine gewisse Ratlosigkeit. Was könnte man in dieser Zeit tun? Einen Krieg planen? Irgendein armes Wesen über den Tisch ziehen? Stinkreich werden? Ein neues Auto kaufen? Oder ein Mobiltelefon, um Frauen mit SMSen anzubaggern? Einen Panzer entwerfen? Computerspiele machen?

Mein Problem ist das nicht. Ich bin in der Menopause, von einem weisen kleinen Mädchen mal Männerpause genannt. Ich interessiere mich nicht für Erektionsschwierigkeiten, Frauenhaß und entsprechende verbale Ausfälle gegen das weibliche Geschlecht an sich und bestimmte Frauen im Besonderen. Ich interessiere mich für hethitische Göttinnen und Zauberinnen, für überirdisch schöne Mondnächte, für Rituale mit Frauen und Latte macchiato mit Brioches, für Zauberkleider und Tanz, für Yoga und einsame Nächte in Wäldern, die sich in der Dunkelheit etwas zu erzählen haben. Sogar für beherzte Liebhaber interessiere ich mich gelegentlich noch. Für Männer, die lachen und sich Gedanken machen.

Ja, ich interessiere mich ohne Einschränkung für intelligente Lebewesen, zum Beispiel für Hefe, die in jeder einzelnen Zelle siebzehntausend intelligente Vernetzungen pflegt. Für außerirdische Intelligenzen, die nicht als Kopffüßler, sondern als reine Energie daherkommen und meine Intelligenz auf die Probe stellen. Ich interessiere mich für Herausforderungen aller Art, Viagra und Kokain gehören allerdings nicht dazu. Ich interessiere mich für alte Kulturen, die unter Ölfeldern schlummern, aber nicht für machthungrige Kerle, die nur an Ausbeutung denken.

Es gab eine Zeit, da fühlte ich mich mitverantwortlich für alle möglichen Aggressionen und Kriegstreibereien, ich wollte etwas verändern. Da war ich jung und glaubte noch an die Macht intelligenter Gespräche. Aber dann fing ich an, Intelligenz näher zu betrachten, und fand heraus, daß das, was allgemein als intelligent gilt, nicht meine Maßstäbe erfüllte. Ich lernte etwas über Zusammenleben, über Vernetzungen und Wechselwirkungen von Aktionen. Ich fing an, die Lügen hinter den Worten zu spüren. Je älter ich wurde, um so mehr fiel mir auf, wie sehr das Verhalten von Männern im Bett sich unterschied von ihrem Leben in Männerkleidung, draußen in der rauhen Wirklichkeit, wo sie glaubten, sich und anderen etwas beweisen zu müssen, und Frauen ignorierten oder mit ihrem Expertengetue zu Tode langweilten.

„Närrisches Treiben. Masken erwünscht", kündigt meine Freundin Emmi den Hausball in ihrer Wirtschaft an. Gilt das nicht für die zivilisierte Wirklichkeit insgesamt?

Ich lernte, daß Männer ängstliche Wesen sind. Nachdem ich das halbe Leben glaubte, Frauen seien ängstlich, wurde ich eines Besseren belehrt. Da gibt es zum Beispiel eine junge Freundin, die sich verliebte. Ihr Angebeteter versicherte ihr täglich unaufgefordert ein paar Mal, er liebe sie so sehr, daß er für sie sterben würde. Sie sagte, er brauche gar nicht für sie zu sterben, es reiche, wenn er auch mal das Klo putzte. Aber das war unter seiner Würde. Sie warf ihn raus.

Das zeigte mir, daß junge Frauen enorm lernfähig sind, gleichaltrige Männer eher selten. Denn die ewige Diskussion, ob Männer sich zum Pinkeln setzen müssen oder stehen dürfen, und das ewige Gelalle von Männern, wie blöd sie Frauen fänden, die solche Diskussionen führen, erübrigt sich langsam. Wer im Stehen pinkeln will, putzt das Klo und den Boden, ganz einfach.

Die biologischen Voraussetzungen für die Reproduktion, für die interessanteste Version, die ich mal Liebeskunst nennen will, funktionieren noch. Aber in der Praxis läuft dieser Kunstansatz schnell ins Leere. Ist die erste Verliebtheit vorbei, geht's oft nur noch um die gemeinsamen Aktien, schlimmer, die gemeinsamen Kinder oder das Haus, das noch nicht abbezahlt ist. Langweilig.

Immer mehr junge Frauen erkennen immer schneller die Zeichen der Zeit. Die meisten Scheidungen werden von Frauen eingereicht, für manche ist das tödlich, weil manche Männer die Flucht der Frauen nur mit Aggressionen beantworten können.

Ich konnte ein paar entsprechende Briefe verlassener Männer lesen, die ihre befreiten Frauen nicht umbringen, ihnen aber doch ein wenig das Leben zu Hölle machen möchten. Das liest sich wie ein Beamtenhandbuch. Da wird aufgerechnet, geschwollen dahergeredet, gedroht – kein Zeichen von Einsicht, Selbstkritik oder gar Humor.

Ich bin eine alte Schachtel. Der Büchse der Pandora mit all ihren Schrecken näher als der Missionarin, die noch an das Gute im Mann glauben will. Zeigt es mir, und ich glaube dran!

Die Zeit der Wechseljahre bringt es mit sich, daß man alles nicht nur einmal, sondern viel zu oft gesehen hat. Als ich zwanzig war, hielt ich manches für ein Versehen, ab und zu dachte ich sogar, daß es sich bei besonders krassen Vorfällen um Mißverständnisse handelte, vielleicht war ja ich schuld? Je älter ich werde, um so lockerer verarbeite ich Erfahrungen. Muster werden sichtbar, Wiederholungen sinnloser Erfahrungen beginnen, mich zu langweilen.

Vielleicht gab es eine Zeit, in der ich ernsthaft darüber nachdachte, welche psychischen Probleme junge Männer haben könnten, die gröhlend mit einem Sixpack in der Bahn sitzen und sich zusaufen. Heute glaube ich nicht mehr, daß der Hang zum Saufen, Gröhlen, Randalieren irgend etwas mit Psyche oder Erziehung zu tun hat. Es ist einfach eine Phase im Leben junger Männer. Je härter ihre Mütter gearbeitet haben (vielleicht auch mal der eine oder andere Vater), um so schneller geht diese Phase vorbei, um so erträglicher läuft sie ab, aber es ist nicht die Schuld einer Mutter, daß der Sohn Bierdosen durch die Gegend kickt und Müllcontainer umkippt.

Ohne übertriebene Schuldgefühle produzieren zu müssen, sehe ich den Eigenanteil, den ich an unerträglichen Situationen durchaus auch habe. Ganz entspannt kann ich heute aus zwischenmenschlichen Beziehungen aussteigen, die ich als unkreativ empfinde. Hat es mich mit dreißig noch beleidigt, wenn ein Mann sagte, ich sei eine Kampfmaschine, kann ich heute durchaus darüber lächeln. Sprich über dich selbst! Diskutiere mit einem Hund, der dich bedrohlich findet! Er knurrt, dann beißt er. Das ist eine natürliche Reaktion. Wir waren zu lange damit beschäftigt, aus jeder mittelmäßigen Hose Prinz Wunderbar herauszufiltern. Damit ist in den Wechseljahren natürlich Schluß. Kein Verlust.

WAS IST EIGENTLICH EIN PATRIARCHAT?

In den Anfängen der neuen Frauenbewegung in den späten sechziger Jahren wurden die Frauen plötzlich total humorlos. Da mußte ein Mann nur sagen: Mach mal Kaffee für uns, Baby!, schon gab's Krach. Die liebevolle besitzergreifende (besitzsichernde) Geste, einer Frau auf den Hintern zu hauen, ihre Brüste anzugrapschen, ihr zwischen die Beine zu greifen, wurde plötzlich zur kriminellen Tat erklärt. Die Frauen verstanden keinen Spaß mehr. Nie habe ich so oft gehört: Leg doch nicht jedes Wort auf die Goldwaage! Oder: Du drehst mir ja das Wort im Mund herum. Aus dieser Zeit stammt der haßerfüllte Ausruf „Emanze!" Die damals geschmähte, heute verehrte Alice Schwarzer war die Personifizierung dieses Begriffs.

Was war passiert? Vielleicht hat es ja mit der Pille angefangen, die ein Wohltäter erfand, damit Männer endlich stressfrei mit Frauen schlafen konnten, ohne sie gleich heiraten zu müssen, wenn sie schwanger wurden. Ja, vielleicht war dieser ganze Zirkus um die Schwangerschaft der Auslöser. Selbst in den sechziger Jahren gab es nämlich jede Menge unglücklicher junger Frauen, die von ihrem Arbeitgeber oder sonstigen Männern geschwängert wurden, mit dieser „Schande" oder mit den neuen finanziellen Belastungen nicht fertig wurden und sich erhängten oder ertränkten oder auf dem dreckigen Tisch eines Abtreibers, Engelmacher nannte man so einen, der noch schnell das letzte Geld abzockte, elend zugrunde gingen. Vor ein paar Jahren versuchte die bayerische Regierung noch einmal das Mittelalter in Memmingen einzuführen (die „Hexenprozeße" von Memmingen), als ein Frauenarzt mitsamt seinen Patientinnen angeklagt wurde, die bei ihm abgetrieben hatten.

Was hat das alles mit dem Patriarchat zu tun? Die Grundlagen des Patriarchats sind Privatbesitz, Wettbewerb, Hierarchie und Linearität. Sieger und Verlierer verkörpern das Prinzip der Linearität. Es geht vorwärts und rückwärts, aber keinesfalls wird sich im Kreis gedreht, außer vielleicht im Fasching und beim Bundespresseball. Daß das patriarchale System mit seinen vier Grundfesten zum Scheitern verurteilt ist und sich selbst zerlegen wird, kann man zwar überall auf der Welt schmerzhaft erleben, niemand würde so eine lächerliche feministische Theorie allerdings auch nur mit der Zange anfassen. Daß die Welt vergiftet wird und die Menschen noch ihr letztes Geld dafür geben, daß es nicht selbstverständlich ist, einfach leben zu können, daß haarsträubende politische Systeme haarsträubende gesellschaftliche Realitäten schaffen, daß Politik und Korruption im Verständnis vieler Menschen untrennbar verbunden sind – das alles wird nicht etwa problematisiert und der patriarchalen Grundidee angelastet, nein, es ist Schicksal, und „wir alle müssen alles dazu tun, daß die Probleme gelöst werden". Nur was?

Zum Privatbesitz gehörte seit Beginn des Patriarchats vor ein paar tausend Jahren alles, was Mann sich zusammengerafft hatte, nebst Frau und Kindern. Ohne Frau hätte er natürlich seinen Besitz gar nicht halten können, denn er verstand nichts vom Wirtschaften (oder hast du das Gefühl, wenn du dir den Bundeshaushalt anschaust, daß Männer Wirtschaftsgenies sind?). Frauen deckten den lebensnotwendigen Grundbedarf ihres Herrn an sexueller Zuwendung, das heißt, sie waren da und konnten benutzt werden. Bis in die Gesetzgebung der Bundesrepublik blieb die Frau ihrem Mann untertan, und es gab jede Menge Ärger, als Lady Di ihrem Herrn und Unterdrücker Prinz Charles bei der Heirat hellsichtig die Formel „to love and obey" (zu lieben und zu gehorchen) verweigerte.

Mit der neuen Frauenbewegung wurde einiges anders. Frauen begnügten sich nicht damit, ihren Männern zu Hause das Leben schwer und Vorwürfe wegen ihrer ungeschützten außerehelichen Eskapaden zu machen, nein, sie mußten in die Politik gehen, vorzugsweise in die neu gegründete Partei der Grünen, beunruhigenderweise aber auch in alle anderen Parteien, um so humorlose Gesetze durchzusetzen wie das gegen Gewalt in der Ehe.

Als die ersten Frauenhäuser entstanden, erkannten bayrische Politiker sofort, was das sollte: Die Emanzen wollen die Familie zerstören. Wenn ich darüber nachdenke, wollte ich das – die Familie, Hort der Gewalt, kleinste terroristische Vereinigung, wie Pasolini das nannte, Brutstätte für Sadismus, sexuelle Perversion, Unterdrückung, Ausbeutung und Schrecken aller Art.

Zu extrem? Greifen wir die Ausbeutung heraus. Die Familie ist die Keimzelle der (patriarchalen) Gesellschaft, darüber sind sich alle Experten, auch Männer, einig. Die gesellschaftlich lebenswichtige Arbeit der Hausfrau bleibt natürlich unbezahlt. Obwohl Frauen die zukünftigen Rentenzahler aufziehen, ihre Männer arbeitsfähig halten, Fahrdienste leisten und gesellschaftliche Aufgaben übernehmen, bekommen sie für ihre Arbeit kein Gehalt. Erst wenn sie halbtot umfallen und Männer ihre Aufgaben übernehmen müssen, wird der Wert der Arbeit berechnet. Oder sagen wir so: Diese Arbeit hat überhaupt erst einen berechenbaren Wert, wenn ein Mann sie ausführt.

Ohne familiäre Bindungen stürzen Männer schnell ab.

Ohne die tägliche Versorgung mit Nahrung, Streicheleinheiten und sexueller Entladungsmöglichkeit verlieren die meisten den Halt und landen unter der Brücke. Kein Chefposten ohne familiäres Gleichgewicht.

Das wurde natürlich unter dem unheilvollen Einfluß von Feministinnen, Lesben, Schwulen und aufmüpfigen Hetero-Männern aufgeweicht. Schon gibt's einen schwulen Bürgermeister, dessen familiäre Bedürfnisse von einem Mann abgedeckt werden, eine lesbische Ministerin, lesbische Stadträtinnen usw. Aber suche nach ähnlichen Zuständen in der Tophierarchie der Wirtschaft, und du erkennst, daß nach der Familie die Industrie Bollwerk des Patriarchats ist. Ein Siemensmanager geht vielleicht heimlich in die Schwulensauna und versucht meine schwulen Freunde zu überreden, ohne Kondom seinen geheimsten Wünschen nachzugeben, aber zu Hause hat er eine Frau und drei Kinder zur Abdeckung des patriarchalen Klischees, das natürlich nirgendwo in Reinform existiert, denn das Abgründige wuchert überall.

Sogar auf dem urigen Land, wo die Welt noch in Ordnung scheint, wo fleißig zum einen Gott, Prototyp des Patriarchats, gebetet wird und man sich Respekt dadurch erwirbt, daß man sich morgens um fünf schwer arbeitend im Garten oder Stall zeigt, obwohl die Landwirtschaft nichts mehr einbringt, sogar auf diesem gottgefälligen Land also, wo ich lange lebte, gibt es alte Bauern, die an ihrer nicht lebbaren Homosexualität zerbrachen, junge Frauen, die der Tradition den Rücken kehren und sogar aus der Kirche austreten. Gottlose Frauen bedrohen die Grundfesten der Kirche und verlangen Göttinnen.

Radikale Feministinnen sind heute selten geworden, selbst Frauen, die sich als Feministinnen bezeichnen, tun das eher im Selbsterfahrungskreis ihrer menopausierenden Freundinnen. Nicht die Angst vor Männern ließ sie verstummen, sondern die Angst vor dem Spott und der Verachtung junger Frauen. Diese jungen Frauen haben vom Feminismus, von den ewig streitenden alten Frauen, die Papa niedermachen und ein Matriarchat, um Himmels willen, wieder einführen wollen, die Schnauze voll.

Wir brauchen keinen Feminismus, wir haben kein Problem mit Männern, sagen junge Frauen forsch. Sie wuchsen mit einem neuen Selbstbewußtsein auf, musterten Papa mit kritischen Augen, um ihn dann vor den ewigen Anschuldigungen der Mama zu verteidigen. Sie erlebten, wie Männer zurechtgewiesen wurden, weil sie kleine Mädchen anglotzten, und lachten über Exhibitionisten, bis die ihre Hose wieder hochzogen. Die Hintergrundnahrung ihrer Gehirne bestand aus dem Kampf ihrer Mütter – gegen das Abtreibungsverbot, Gewalt an Frauen und Kindern, ungleiche Behandlung von Frauen und Männern, ungleiche Bezahlung und so weiter.

Und natürlich gaben die Männer den Kampf um ihre Pfründe nicht auf. Sie wurden subtiler, was sie übrigens allein nicht geschafft hätten. Sie holten sich weibliche Verbündete und ließen die die Argumente formulieren, wo ihnen selbst die Worte fehlten.

Einer der Prototypen des von Frauen informierten, gehaltenen, getragenen, gepäppelten Mannes ist George W. Bush. Ohne Condoleeza Rice wüßte er nicht, wo der Irak überhaupt ist, ohne Laura würde er zu Hause ins Kissen beißen und eine Flasche Schnaps killen. Es paßt zum Klischee, daß patriarchale Herrscher, Staatsmänner mag man sie einfach nicht nennen, brave Mädchen wie Angela Merkel an ihrer Seite haben, die einst Kohl das Schmalz aus den Mundwinkeln wischte und jetzt Bush in den Hintern kriecht.

Die weiblichen und männlichen Stützen des Patriarchats verbreiteten die Parole, Feminismus sei uncool, und Feministinnen seien frustrierte Krampfhennen. Ein Phänomen der patriarchalen Frauenverachtung und des Frauenhasses ist, Frauen vorzuschicken, um die Ausreißerinnen zurück unter die Haube zu zerren. Da Männer immer noch über 90 Prozent des Weltvermögens besitzen, immer noch weltweit rund 95 Prozent aller einflußreichen Jobs halten, immer noch die Entscheidungsgewalt über Kriege haben und die globale Ausbreitung der Industrie beherrschen, entstand wohl bei jungen Frauen der Eindruck, die Emanzen seien so eine Art ewiger Nörgelfaktor im Hintergrund. Frauen seien nur sauer, daß sie nicht selbst Macht, Geld und Einfluß haben. Denn oben auf dem Vulkan, da wo der Tanz der Männer stattfindet, ist es lustig. Da spielt die Musik, da ist wenig Platz, da wollen alle hin, auch die jungen Frauen, weil sie glauben, daß das der Ort der wahren Anerkennung ist.

Wenn sie erkennen, daß sie verarscht und benutzt werden, als Dekoration, als Wärmefaktor, als „Busenwunder", „Sexbombe" oder plappernde Verhübschung der männlichen Wichtigkeit (ist dir aufgefallen, daß in *wichtig* der Wicht steckt?), ist es meistens schon zu spät. Dann sind sie selbst nämlich etwas älter geworden, schlagen kritischere Töne an und werden ausgemustert.

Es ist demütigend, von der gefeierten Muse zum alten Besen degradiert zu werden. Viele Frauen gehen den Weg der Depression, des Alkoholismus, um das Grauen dieser Metamorphose nicht bewußt erleben zu müssen, um den Schock der Erkenntnis abzufedern, daß auch rund 90 Prozent der Gewalt von Männern ausgeht.

Da haben es, zugegeben, Emanzen leichter, die schon in jungen Jahren an den Grundpfeilern der patriarchalen

Bühne sägten. Natürlich fehlt mir die befriedigende Erfahrung, mich einem starken, wunderbaren Mann zu unterwerfen, zu ihm aufzublicken, ihn alle Entscheidungen treffen zu lassen. Ich weiß nicht, wie es sich anfühlt, mit einem Mann alt zu werden – viele Frauen, die ich mit Männern leben sah, wurden schneller alt, als sie es wahrhaben wollten, während ihre Männer „jünger" wurden und sich meist auch mit jüngeren Frauen zusammentun mußten. Selten fallen mir huldigende Worte für einen Mann von den Lippen, eher schon stehe ich gegen Randalierer im Zug auf: „Möchte einer von euch für immer impotent werden?"

Meine beglückendste Beziehung zu einem Mann dauerte neun Jahre und spielte sich in einer Frauenwohngemeinschaft (da lebte ich) und einer Männer-WG (da lebte er) ab. Wir Frauen gingen gern zu den Männern, weil die gut kochten (die Kinder gingen gern dorthin fernsehen).

Das zentrale Problem des Patriarchats, das Phänomen, das aus verstörten, verschreckten Kindern JasagerInnen und DuckmäuserInnen macht, ist die scheinbar gottgegebene, schicksalsgewollte Verbindung von „Mann" und „Autorität". Nachdem der Prototyp, Gott, einmal durchgesetzt war, stellte die Vergötterung des Abbildes Mann keine größere Schwierigkeit mehr dar. War der „Herr" mit brutaler Gewalt einmal durchgesetzt, gab es nach der Inquisition, den Kreuzzügen und den Missionsgemetzeln kaum noch Menschen, die sich dem allmächtigen Mann entgegenstellen wollten oder konnten.

Es war der Gesundheit nicht besonders zuträglich, die Autorität des Mannes in Frage zu stellen. Wer die Existenz Gottes anzweifelte und die daraus resultierende Autorität seines Stellvertreters auf Erden zurückzuweisen versuchte, wurde gefangengenommen, gefoltert, umgebracht.

Frauen hatten die Augen niederzuschlagen, und obwohl sie einflußreich und mächtig waren, wurden sie von den Gottesmännern überall auf der Welt eingeschüchtert, unterworfen, zum Schweigen gebracht.

Kinder hatten sowieso keine Rechte.

Das ist heute anders. Aber die Gehirnwäsche ist leider schon gelaufen. Wenn ein Experiment eines Kinderschutzbunds in Österreich aufdeckte, daß sich kaum ein Kind einem Mann zu verweigern wagt, der es vom Spielplatz locken will, dann beweist das nur, daß Autorität, einmal ins Hirn, in die Gene, in die Erinnerung gebrannt, mächtiger wirkt als das Unbehagen. Es nützt nichts, wenn Mütter sagen, geh nicht mit fremden Männern. Kinderschänder, Kindervergewaltiger, Kindermörder sind selten Fremde. Es nützt nichts, wenn Eltern Kinder ermahnen, sich nicht ansprechen zu lassen, wenn sie andererseits Gehorsam vor der Autorität predigen und durchsetzen.

Der Mann hat als Gegner zu gelten, bis er sich meines Respekts würdig erweist. Dieser Grundsatz hat mich aus gefährlichen, gelegentlich sogar lebensgefährlichen Situationen gerettet – und mir andererseits einige wirklich wertvolle Freundschaften mit Männern eingebracht. Da gewalttätige, skrupellose Männer oft genug Frauen ohne Selbstachtung benutzen, um ihre sadistischen, perversen Gelüste und Gewaltphantasien umzusetzen, gilt dieser Grundsatz selbstverständlich auch für Frauen: Auch sie müssen sich deines Respekts, deiner Anerkennung und Achtung würdig erweisen. Wachsame Zurückhaltung ist angebracht.

Kinder, deren Urteil respektiert, deren Intuition gefördert, deren Wachsamkeit geschult, deren Selbstverteidigung angeleitet wird, fallen selten Gewalttätern zum Opfer, sie lassen sich auch keine blöden Befehle von

Familienangehörigen gefallen und äußern ihre Meinung auch da, wo sie unbequem ist. Sie legen den Finger in offene Wunden, weil sie die Schwächen ihrer Eltern wie sonst niemand kennen, das kann ich aus schmerzhafter Erfahrung mit meiner wundervollen, anstrengenden Tochter Valentina bezeugen. Aber man muß sich um diese Kinder nicht Sorgen machen, daß sie vor Angst zu Boden gehen, wenn sie einen Penis sehen, oder vor Ehrfurcht die Stimme verlieren, weil ein Mann zu ihnen spricht. Ihr klarer, nicht korrumpierter Blick auf die Welt ist eine Wohltat. Eine sogenannte Respektsperson, die eine Überprüfung ihrer Ehrbarkeit nicht aushält, hat keinen Respekt verdient, auch nicht und schon gar nicht von Kindern, die sich im Leben orientieren und nicht mit falschen Vorbildern verarscht werden sollen.

Wie tief die Gehirnwäsche Mann gleich Autorität geht, illustriert folgendes Beispiel. Ich betrat ein Cybercafé in einer Oase im Süden Marokkos. Seit über dreißig Jahren arbeite ich mit Frauen, ich bin eine der Initiatorinnen der neuen Frauenbewegung in München und Rom, eine Vorkämpferin feministischer Theorie und eine beherzte und im nötigen Maß respektlose Kritikerin männlicher Arroganz, Blödheit und Einbildung. Ich habe Bücher über das Universum weiblicher Kraft und die Realität von Frauen geschrieben, weibliche Vorbilder zusammengetragen, Göttinnen recherchiert, einen Film über die Inquisition gemacht und die Lebensbedingungen von Frauen im Akkord erforscht.

Ich betrat also dieses Café, in dem ein Mann und eine Frau mit Kopftuch an einem Computer saßen und sich unterhielten, und wandte mich an den Mann, um einen Computer zu bekommen. Die Besitzerin des Cybercafés war die Frau. Er hatte von Computern keine Ahnung.

Hat Kritik am Patriarchat, die bloße Verwendung des Begriffs, etwas mit Männerhaß zu tun? Das wäre zu kurz gedacht. Das Patriarchat ist nämlich auch für Männer kein Paradies. Wer ausschert, den Leistungsdruck nicht aushält, sich dem Dogma von Erfolg, Profit und männlicher Stärke widersetzt, dem biologischen Trieb des Befruchtens und Revierkämpfens poetische, grüblerische Impulse entgegensetzt, findet sich schnell am Rand der Gesellschaft wieder. Und oft sind es patriarchal getrimmte Frauen, die patriarchatsunfähige Männer aus der Geborgenheit gesellschaftlicher Anerkennung katapultieren.

Womit wir wieder beim Anfang wären: Ohne Frauen hätte sich der Mann gar nicht als Machthaber etablieren können. Was auch heißt, es braucht Frauen, um Machtstrukturen zu unterlaufen, aufzuweichen und zu verändern. Demnächst werden sich die mächtigen Männer Frauen klonen, die genau das tun, was sie von ihnen verlangen. Schade, daß ich nicht so lange lebe, bis die ersten Frauenklons den feministischen Aufstand proben. Das nämlich wird das Ende des Patriarchats sein.

Ich saß in einem Taxi in Saarbrücken und gab dem Fahrer die Adresse, zu der ich fahren wollte. Ach, sagte er. Da geht meine Frau heute zu einem Vortrag über Magie. Die wird in letzter Zeit immer verrückter.

Sie ist nicht verrückt, sagte ich freundlich. Es ist eher so, daß Sie keine Rezeptionsorgane für die komplexen Denk- und Traumstrukturen Ihrer Frau haben.

Er schaute mich an. Sie spinnen aber auch komplett!

Ich halte den Vortrag, sagte ich.

Ganz fair ist die Natur ja nicht. Sie gibt uns Verstand und die Möglichkeit, darüber nachzudenken, daß wir nichts wissen. Sie läßt uns Söhne gebären und dann zusehen, wie diese Söhne globale Industrien entwickeln und Kriege führen. Sie läßt uns jung sein und gibt uns genug Zeit, das Alter kommen zu sehen.

In irgendwelchen mythischen Zeiten gab es diese weisen alten Frauen, wir bemühen uns, an die Weisheit alter Frauen zu glauben, vielleicht selbst alt und weise zu werden. Was ist überhaupt eine alte Frau? Bis ich zwanzig war, fand ich jede Frau über dreißig alt. Dann war ich plötzlich dreißig, lag im Krankenhaus und unterhielt mich mit meiner achtzehnjährigen Bettnachbarin über das Leben, die Liebe und das Filmemachen. Wie alt bist du eigentlich, fragte sie mich. Dreißig, sagte ich. Sie starrte mich bewundernd und entsetzt an. Was, so alt! Hätte ich nicht gedacht. Ich fand jetzt vorsichtshalber Frauen über fünfundvierzig alt.

Das Leben tobte, ich machte Filme, schrieb Bücher, und schwupp war ich fünfundvierzig. Bis dahin hatte mir nur der neunundreißigste Geburtstag Probleme bereitet. Aber da hatte ich mich gerade aus der langjährigen Beziehung mit einem Mann gelöst, und meine Unruhe über den Geburtstag brachte ich keinesfalls mit dem Alter in Verbindung. Ich mußte mich neu orientieren, entdeckte Indien, Nepal und Tibet. Alter war kein Thema mehr. Ich wurde mit unerwarteter Gelassenheit fünfzig. Ich sah in den Spiegel und wußte, ich bin nicht mehr jung. Aber das Verrückte war: Ich fühlte mich jung. Ich war stark und lebendig, machte Yoga, trainierte meinen Körper, liebte ihn mehr als je zuvor, lebte wild und gefährlich. Und wurde alt.

Ich erkenne die alte Frau im Spiegel nicht, sagt meine Mutter unglücklich. Ich fühle mich nicht wie achtzig, aber wenn ich dieses Gesicht sehe, mein Gesicht, weiß ich, daß ich uralt bin.

Ich dachte über die „alten" Frauen meiner Kindheit nach. Sie waren, als ich sie kannte, so alt, wie ich jetzt bin. Die Mutter, die die Dichterin Lena Christ so malträtierte, war in den Wechseljahren. Die Tanten, die meine Freundin piesackten, als sie ein Kind war, müssen um die fünfzig gewesen sein, im Wechsel. Als meine Oma ihren Arbeitgeber als alten Nazi beschimpfte und aufhörte, für ihn zu arbeiten, war sie so alt wie ich heute. Schneewittchens Stiefmutter war in den Wechseljahren, als sie die Wahrheiten des magischen Spiegels nicht mehr ertrug.

Unsere Großmütter kannten wir als Frauen, die Marmelade einmachten, Kuchen backten und gut kochten. Sie waren keine sexuellen Wesen, hatten keine sinnlichen Bedürfnisse. Auf die Idee wären wir nie gekommen, daß sie sich vielleicht heimlich nach Berührung und Sex sehnten. Sie waren alte Frauen. Und oft genug kannten sie die wohltuende Wirkung pflanzlicher Östrogene in Taubnesseln, grünem Tee, Keuschlammfrüchtetee, Mönchspfeffer, der afrikanischen Yamswurzel, Soja oder Brokkoli und Weißkraut nicht. Sie waren ihrer Initiation schutzlos und ohne Vorbereitung ausgeliefert und drifteten nicht selten ab in den gesellschaftlichen und familiären Abgrund.

In südeuropäischen Ländern oder in Afrika kokettieren die Frauen, solange sie jung sind. Sie ziehen Arm in

Arm an den testosterongepeitschten jungen Männern vorbei, treiben sie zum Wahnsinn und lachen unbekümmert.
Woher sollen sie wissen, was ihnen blüht! Sie werden ja
ohnehin nie wie ihre Mütter, das haben sie sich fest vor-
genommen. Aber was passiert, wenn der Zähler einge-
stellt wird, wenn die Uhr läuft, wenn das, was zwischen
Männern und Frauen in Mitteleuropa läuft, zu laufen
beginnt? Wo sind die Vorbilder? Wie kommt eine junge
Frau ohne Erfahrung an das, was sie wirklich braucht und
will, wenn ihre Mutter ihr kein befriedigendes Vorbild
sein kann? Woher soll eine junge Frau wissen, welche
Kräfte in ihr stecken, was diese Kräfte bewirken und wie
sie sie einsetzen kann und will, wenn sie immer nur gesehen hat, daß an ihnen manipuliert wurde, sie gestutzt,
verbogen, zerstört wurden?

Wenn Frauen verheiratet sind, werden sie vorüberge-
hend unberührbar, sie werden Mütter, die das Hauswesen
überwachen und die Kinder erziehen, vielleicht sind sie
berufstätig, aber sie wahren ihre Würde. Würde, auch so
ein Wort, das mit dem Alter an Bedeutung gewinnt. Wenn
du schon alt wirst, dann bitte in Würde. Die Mutter ist
eine Institution, sie hütet, umsorgt, organisiert, und sie
kleidet sich unauffällig. Wenn sie wohlhabend ist, wird
sie elegant. Unter der ruhigen Oberfläche mag es kochen.
Aber sie ist die Mutter. Was passiert mit all diesen Fragmenten weiblicher Kraft, die nirgends mehr eingebettet
sind und noch nie wirklich gestimmt haben?

Dann gab es diesen sensationellen kulturellen Ein-
schnitt. Plötzlich wurden die Frauen zu Emanzen, sie
trennten sich von Mann und Familie, wurden lesbisch,
machten Karriere. Was sind das für Frauen, die eine gut
funktionierende gesellschaftliche Ordnung derart durch-
einander bringen? Was bringt denn das? Werdet endlich

vernünftig, das ist doch nicht weiblich. So eine willst du doch nicht werden! Und wenn, dann muß dir klar sein: Irgendwann bist du alt, und dann stehst du allein da. Ohne Mann, ohne Familie. Was soll dann aus dir werden? Eine alte Jungfer?

In einem Fernsehfilm spülte eine alte Frau ihre Frühstückstasse und ihren Teller, ihr Messer, ihren Löffel. Dann fiel sie tot um. Die ermittelnde Beamtin stand vor dem Geschirr und hatte einen depressiven Anfall, weil sie so nicht alt werden wollte. Aber was an der Situation war eigentlich deprimierend? Die alte Frau hatte ihre eigene Wohnung. Sie mußte niemanden unterstützen, wurde von niemandem ausgebeutet, mußte sich nicht das Gerede und Gestreite einer ganzen Familie anhören, wurde nicht von erbschleicherischen Nachkommen in ein Altenheim gesteckt. In vielen Traditionen rund um den Erdball gehen die Alten ihre eigenen Wege, ziehen sich zurück. Wo ist das Problem? Warum ist es soviel erstrebenswerter, für eine Familienbande das Geschirr abzuwaschen?

Mein kaum dreißigjähriger Lehrer für Wolof (die Hauptsprache im Senegal) erklärt mir die „Phasen einer Frau": Bis fünfzehn sind die Mädchen wild und frech. Sie ärgern die Jungs, wissen alles besser und haben auf alles eine unverschämte Antwort. In der Schule sind sie besser als die Jungs und bilden sich was drauf ein. Dann bekommen sie die Blutung und interessieren sich nur noch für alte Männer, die reich sind und Erfahrung haben. Das ist die zweite Phase. Die dritte Phase fängt so um fünfundzwanzig an. Jetzt wollen die Frauen heiraten und Kinder haben. Diese Phase geht bis fünfunddreißig.

Das Leben einer Frau hat nur drei Phasen? frage ich erstaunt. Und was ist nach fünfunddreißig? Ich meine, was ist mit mir?

Er sieht mich lange an und ringt nach Worten. Damit hat er nicht gerechnet, daß eine Frau älter als fünfunddreißig wird und noch solche Fragen stellt.

Gib die Hoffnung nicht auf, sagt er schnell. Auch du wirst einen netten alten Mann finden, der dich will.

Das Alter. Ein schwarzes Loch tut sich auf. Ein schwarzes Loch hat die Eigenschaft, daß es alles, was in seine Nähe kommt, mit unwiderstehlicher Kraft an sich zieht. Erreicht man seinen Rand, wird der Sog stärker, man krümmt sich, möchte entkommen, aber der Sog wird so stark, daß die Zeit zu rasen beginnt, spiralig dreht man sich hinein und wird verschlungen. Wer noch in sicherer Entfernung tanzt, voll Faszination und Schrecken über die magnetische Anziehungskraft dieses geheimnisvollen Nichts, dreht sich in der naiven Gewißheit fort: Mir passiert das nicht. Ich bin anders. Ich bleibe immer jung und stark. Ich werde nie über Krankheiten oder über meine Verdauung reden. Und während wir denken, wir könnten alles verändern, schauen wir in den Spiegel, das magische Attribut der Göttin, und starren auf das junge Gesicht, in dem wir bereits die Vorboten des drohenden Alters wahrzunehmen glauben, egal wie jung wir sind.

Eine ganze Industrie arbeitet daran: Lies diese Botschaft nicht! Zwanzigjährige Frauen werden mit der Paranoia vor Falten gefüttert. Und es gibt Hilfe! Nimm diese Creme, und du wirst ewig jung bleiben. Du bist fünfundzwanzig? Da wird es aber Zeit, daß du etwas gegen die Alterung der Haut unternimmst. Eine dreißigjährige Freundin hat sich gerade ihre erste Faltencreme gekauft. Hast du einen Mann? Beeil dich, sonst kriegst du keinen mehr ab, du wirst nicht jünger. Deine biologische Uhr tickt. Irgendwann bist du zu alt für ein Kind. Was dann? Und hast du nicht auch schon Cellulite? Du hast ein Kind geboren? Pech für dich. Wahrscheinlich hast du Schwangerschaftsstreifen. Hoffentlich sieht dein Liebhaber, dein Freund, dein Mann die nicht! Und achte auf die Schwerkraft. Zieht sie nicht schon stärker an deinen Weichteilen? Hängt nicht dein Busen? Und dein Bauch – er ist zu dick, er wird sich aus deiner engen Hose wölben. Dein Partner wird es bemerken und zu einer dünneren abwandern. Er sagt natürlich, es macht ihm gar nichts aus, aber er will nicht mit dir über deine Ängste sprechen. Du weißt, daß du ihn damit nicht belasten darfst, das ist nicht gut für die Beziehung. Jetzt fängst du an, alte Frauen mit scharfem Blick zu taxieren. Muß die Alte sich die Haare rot färben, das sieht ja schrecklich aus. Und die da, wie sie heimlich ihr Gebiß herausholt und putzt.

Und schau dir die Frauen im Altenheim an. Bewußtlos vegetieren sie dahin, leben von einer Mahlzeit zur nächsten, die sie nicht essen können, wenn ihnen nicht jemand hilft. Schon kommt die Pflegerin, räumt das volle Tablett ab und schimpft: Na, haben wir wieder keinen Appetit gehabt? Du mußt essen, Oma! Da bleibt dir doch das Gebiß im Hals stecken! Kann man überhaupt noch küssen mit einem Gebiß? Die alten Frauen belasten die Krankenkassen. Sind sie nicht überhaupt unser größtes Problem? Sie haben nichts vom Leben, können nicht sterben und wollen immer noch alles kontrollieren!

Sonnt euch in meiner Liebe, sagte die dreiundneunzigjährige Mutter einer Freundin. Wir lachen darüber. Die Alte, was denkt sie sich! Diese Frauen haben Deutschland wiederaufgebaut, jeden einzelnen Backstein saubergemacht, nach dem Krieg den Dreck weggeputzt, ihre kaputten Männer gepflegt. Na gut, aber jetzt ist alles sauber, jetzt könnten sie doch langsam sterben. Wer braucht sie noch? Die haben ja nichts mehr vom Leben!

Zynisch ist das? Ich höre so etwas jeden Tag. Kaum sitze ich im Café bei einen Cappucino, in der Straßenbahn oder am Bett einer Freundin im Krankenhaus, höre ich junge Frauen über alte Frauen herziehen, Angst, ja Horror klingt da durch. Alte Frauen, widerlich, bedrohlich. Bloß nicht alt werden und von allen verhöhnt, verspottet, ausgegrenzt! Männer sprechen seltener über alte Frauen. Sie haben Wichtigeres zu tun, zum Beispiel ihre Mobiltelefone nach SMS-Nachrichten zu checken oder in Autoprospekten zu blättern. Manchmal klappen sie auch an öffentlichen Orten ihre Laptops auf und machen sich daran zu schaffen. Alte Frauen? Was soll das sein? Kenn ich nicht. Wie lebt deine Oma? Wie organisiert sie ihren Alltag? Wie empfindet sie die Welt?

Die Gehirnwäsche setzt früh ein. Überall starren dich die gelifteten Gesichter prominenter Frauen an. So willst du nicht werden? Ich werde sowieso nicht alt. Wie oft habe ich das selbst schon gesagt. Ich sehe die Frauen am Nebentisch Kuchen mit Schlagsahne vertilgen und denke: Warum tun sie das? Warum müssen sie jedes grauenhafte Klischee erfüllen. Natürlich weiß ich, daß Süßes Glückshormone enthält, die in jungen Jahren durch die unerschöpflichen Wunder produziert werden. Warum sollen sie nicht Torte essen? Was geht mich das an? Ich stehe ja auch nicht vor jedem Kinderwagen und kritisiere, daß die Kinder Würstchen oder Brezen essen.

Tatsache ist, daß mir das egal ist, während jede alte Frau mich daran erinnert, daß ich dabei bin, ein Bild meines eigenen Alters zu imaginieren, zu formen, zu evozieren, um es dann zu leben. Ich erinnere mich, daß ich mich am liebsten umgebracht hätte, als ich zwanzig war, weil mir die Probleme des Lebens unerträglich vorkamen. Plötzlich hatte ich den sicheren Boden unter den Füßen verloren, der in der Kindheit alles abfederte. Ich wußte nicht mehr, wer ich war und was ich vom Leben wollte. Immer mehr junge Frauen, Frauen, die noch nicht volljährig sind, lassen sich durch Schönheitsoperationen ins tausendfach produzierte Klischee der attraktiven Frau pressen. Sogar die Zahl der Männer, die sich unters Messer der Schönheitschirurgen legen, nimmt zu.

Zwischen zwanzig und dreißig entdeckte ich meine Magie wieder, und jeder Tag meines Lebens brachte mehr Heiterkeit und Kraft zurück. Ich wurde älter und glücklicher, wuchs mir selbst zu.

Mein betagter Onkel erzählt mir von einem befreundeten Ehepaar: Sie ist eine Schreckschraube und quält ihren Mann von früh bis spät. Aber natürlich wird sie ihn pflegen, sagt er. Das würde ich nicht tun, sage ich. Er schaut mich entgeistert an. Vielleicht muß ja er sie pflegen, sage ich. Wie kommst du denn darauf? fragt er.

Ja, wie komme ich darauf? Männer sind doch so viril und gesund, jedenfalls ist das das Bild, das sie von sich haben. Fehlt ihnen was, jammern sie so gekonnt, daß jede Frau in ihrer Umgebung sofort in Pflegestarre fällt. Aber dann schleicht sich ein ketzerischer Gedanke ein, der sich in einem Kichern entlädt. Während Männer, je älter sie werden, um so mehr von sexuellen Phantasien gepeinigt sind, die sich kaum noch umsetzen lassen, weil der Körper nicht mehr mitmacht, behalten Frauen bis ins hohe Alter ihre sexuelle Potenz. Wenn sie wollen, können sie Sex haben, kein Problem. Sie schrecken nicht davor zurück, neue Möglichkeiten der sinnlichen Entfaltung auszuprobieren. Sie entdecken ihre Liebe zu Frauen, manchmal auch zu jungen Liebhabern. Während alte Hirsche Revierkämpfe austragen und darin ihre Kraft erschöpfen, suchen sich die Hirschkühe junge Tiere und paaren sich mit ihnen. Die gewitzten Keltinnen wählten diese Hirsche zu ihren heiligen Tieren. Raffiniert!

Mit solchen deprimierenden Geschichten will ich meinen Onkel natürlich nicht belasten. Sprechen wir lieber von der Mythologie Kleinasiens. Ein gefährliches Gebiet. Die alten Göttinnen setzten sich junge Löwinnen auf den Schoß und liebkosten Leoparden. Viele Idolfigürchen zeigen zwei Frauen in inniger Umarmung oder gar zu einer Einheit verschmolzen. Schwamm drüber.

Denkst du denn nie ans Alter? Was ist mit deiner Rente? Was ist damit? Ich kann nicht mein Leben der Industrie opfern, nur weil ich dann zwanzig Jahre lang eine Rente bekomme. Oder eben keine – wie es jetzt aussieht.

Ich sehe es afrikanisch. Ich lebe jetzt. So wie ich immer gelebt habe, werde ich weiterleben. Ballast abwerfen ist eine gute Idee. Alles aus meinem Leben werfen, was darin keinen Platz hat. Jetzt bin ich alt genug zu wissen, was ich brauchen kann und was nicht. Ich kenne mich – das ist mehr, als ich mit zwanzig sagen konnte.

Düstere Prophezeiungen versuchten schon immer die Sonne meiner Lebenslust zu umwölken. Jetzt lachst du, aber warte mal, bis du ein Kind hast. Ich bekam eine Tochter, sie bereicherte mein Leben auf ungeahnte Weise. Die Probleme kommen noch! Wenn sie erst in die Pubertät kommt! Ja, das war nicht immer einfach, aber was ich von ihr lernte, kann ich heute noch brauchen. Ich erinnerte mich an meine eigene Pubertät, durchlebte mit ihr noch einmal die Probleme – von der anderen Seite.

Du bist nicht immer jung! Warte, bis du in die Wechseljahre kommst! Die Wechseljahre! Welche Frau könnte das kaltlassen? Das Schreckgespenst aller jungen Frauen, der Wirbelsturm im Leben aller älteren Frauen scheint von Anfang an wie eine drohende Gewitterwand den weiblichen Raum zu begrenzen. Wie kann es sein, daß die erste Menstruation im allgemeinen negativ beschrieben und empfunden wird und das Ende der Menstruation doch nicht die große Befreiung ist?

Mit den Wechseljahren kommen die Probleme, die Operationen... Gerade habe ich eine hinter mir und erstaunt festgestellt, daß der Verlust der Eierstöcke keinen Einfluß auf meine gute Laune hat, daß der Verlust der Gebärmutter nicht den Verlust der Kreativität bedeutet. Magie, Lebenslust, Glückseligkeit sind nicht operativ entfernbar. Und ich bleibe doch eine Frau, denn eine Frau ist immer eine Frau, auch wenn das eine oder andere körperliche Attribut im wilden Lauf des Lebens verlorengeht.

Jetzt hast du das Zeug auch, sagt die Mutter zur Tochter
und gibt ihr einen Fluch mit auf den Weg: Leide, wie ich
gelitten habe. Du bist eine Frau, und das bedeutet, jeder
Mann kann dir ein Kind anhängen. Kommst du mit einem
Kind heim, bist du die Hure, der Mann ist halt ein Mann.

Weibliche Sexualität: Schon als Kind erregst du die
Aufmerksamkeit übergriffiger Männer. Du bist die Frau,
du mußt locken, verführen. Du mußt dir Gedanken machen, wie du einen Mann erregen, befriedigen kannst.
Die Mädchenzeitschriften sind voll davon: Was Jungs wollen. Wie kannst du deinen boyfriend glücklich machen?
Was Jungs nervt...

Was Mädchen wollen, interessiert nicht, Mädchen gibt's
wie Sand am Meer, und was sie wollen, behalten sie besser für sich. Mädchen tragen bei kaltem Wetter dünne
Klamotten, ziehen sich zahnseideartige Stringhöschen
durch die Vagina und den Hintern, damit sich der Rand
der Unterhose nicht durch die enge Hose abzeichnet.
Mädchen holen sich von den schmutzigen Geschlechts-
teilen der Jungs (und es ist immer noch wahr, daß Männer
lieber kein Kondom benutzen) Unterleibsentzündungen,
holen sich Erkältungen, Eierstockentzündungen, Blasen-
entzündungen, Bauchkrämpfe. Wenn sie menstruieren,
sind sie voll uncool, wenn sie mit einem Mann schlafen,
haben sie ein Problem, um das er sich kaum je kümmern
muß: Sie können schwanger werden, lassen abtreiben
oder tragen es aus.

In letzterem Fall verändert sich ihr Leben drastisch, denn sie treten in die Phase zwei weiblicher Erfahrungen ein. Erst wenn eine Frau ihr Kind vernachlässigt, tötet, verhungern läßt, wird etwas von dem psychischen Druck spürbar, den Mutterschaft mit sich bringt. Mutterschaft ist nämlich auch uncool. Mütter nerven. Ständig haben sie was zu meckern und zu klagen. Ein archaischer Mechanismus läßt sie Jungen bevorzugen (weil die schwächer sind) und Mädchen belasten (weil sie belastbarer sind). Evolutionär gesehen ist das sinnvoll.

Meine Kindheit war durchzogen von den Fäden des Unglücks der Frauen, über die wir beim Essen redeten. Da wurde eine totgeschlagen, dort war eine Magd, und der Bauer, der ihr ein Kind gemacht hatte, jagte sie samt ihrem Bankert fort. Immer war die Frau schuld, die Frau mit ihren „Verführungskünsten". Flittchen, Huren, leichte Mädchen bevölkerten mein kindliches Universum, malten sich die Lippen rot an, wackelten mit dem Hintern und lächelten verführerisch. Sie gingen ins Café Maierbacher und ins Rosenstüberl, wo schon mal ein Mann erstochen worden war.

Bei uns zu Hause wurde anders geredet: Der X, die Sau, hat seine Tochter vergewaltigt, jetzt hat sie ein behindertes Kind. Der Y ist ein brutaler Kerl, wenn er getrunken hat, fällt er über die Familie her. Die arme Frau. In der Früh schleicht sie grün und blau aus dem Haus und bringt ihre Tochter in Sicherheit.

Es befriedigt mich, daß unermüdliche feministische Arbeit Gesetze verändert und die Rechtssituation der Frauen verbessert hat. Aber ich sehe auch, daß die Möglichkeiten des Gesetzes noch nicht für jede Frau selbstverständlich sind. Um Gewalt in der Familie zu stoppen, muß erst ein öffentlicher Raum hergestellt werden, die

Frau muß die Familie verlassen, muß wagen, ihr Recht einzufordern. Die allgemeinen Gesetze müssen ins Rechtsbewußtsein jeder Frau übergehen. Rechtsbewußtsein heißt in diesem Fall Selbstbewußtsein. Das hängt mit Selbstwertgefühl zusammen: Ich bin es wert, geliebt, gut behandelt, geachtet, geehrt, geschützt zu werden.

Keine selbstverständliche Erkenntnis. Heute wie vor fünfzig Jahren zerreißt sich die Nachbarschaft das Maul über sie, nicht über ihn. Ein Mann ist ein Mann. Wie haben Männer es nur geschafft, daß, was sie tun, akzeptiert wird, „weil sie Männer sind", während eine Frau immer noch jede Freiheit, die sie sich nimmt, erkämpfen und verteidigen, mindestens erklären muß?

Warum gibt es keinen Ausdruck mit entsprechend negativ-verächtlicher Einfärbung für Männer wie „Flittchen" oder „Hure" für Frauen? Womanizer? Hat der nicht den „Her damit"-Effekt auf seiner Seite? Ein Zuhälter ist immer noch ein toller Hecht, kriminell, aber akzeptabel! Die Blondine an seiner Seite wird zerlegt, nicht er. Statt den Gewalttäter zu ächten, ist die größte Beleidigung, die man einem Mann hinwerfen kann: Weichei, Versager.

Frauen haben die Lektion mehr als gefressen. Und vielleicht ist es ja eine Botschaft der Natur: Der Mann muß Aggressor sein, er muß das Revier erkämpfen und verteidigen können, um seine Brut zu sichern. Aber wir sind nicht einfach dumpfe Biomasse. Veränderte Lebensbedingungen könnten jetzt langsam auf die subtilen Befehle im Hirn einwirken und sie verändern. Dazu ist es günstig, wenn das Hirn seiner ureigensten Tätigkeit nachgeht — mit den vorgefundenen Koordinaten so lange spielen, bis sich neue Spielregeln ergeben. Der von allen so hochgeschätzte IQ bedeutet mir nicht viel, aber den höchsten hat immer noch eine Frau.

Der weibliche Raum in einer von männlichen Bedürfnissen gestalteten und verwalteten Welt ist wie eine zarte, verletzliche Blüte. Je mehr die Blüte beschädigt wird, um so häßlicher wird sie. Je verletzter eine Frau ist, um so wütender reagiert sie auf die Spiegelung ihrer Verletzung. Je mehr sie einstecken mußte, um so heftiger schlägt sie zurück – auf die Schwächeren, Kinder und andere Frauen. Weil sie gelernt hat, daß es nichts bringt, ihre Verletzung dort heilen zu wollen, wo sie entstanden ist? Weil Männer im Gegensatz zu Frauen, die alles erklären und sich für alles entschuldigen, einfach nicht reden, sich entziehen, die Trennung per SMS durchziehen? Ins Schweigen fallen, wo Frauen im Geplapper ertrinken?

Die größte Stärke der Frau, ihr Zentrum, ihr Lebensmittelpunkt, ihr Rhythmus, ihr Seismograph, der Sitz ihrer größten spirituellen Kraft, der Bauch, ist zugleich ihre empfindlichste Schwachstelle, ihre angreifbarste Seite und der Ort ihrer größten Verletzungen und Niederlagen. Sie holt ihr Wissen aus dem Bauch. Der Bauch ist wie das Archiv der Weiblichkeit. Die Substanzen, die im Bauchkessel der Frauen gebraut werden, sind die Grundlagen weiblicher Kraft und Magie. Und der Bauch macht Probleme. Er krampft bei der Menstruation, nimmt alle Störfelder seismographisch auf, registriert und speichert sie. Jede Demütigung, jede Gefahr, jeder Stress wird im Bauch verarbeitet. Schockwellen lassen Gebärmutter, Eierstöcke, Eileiter, Darm beben und krampfen. Ist der Bauch entspannt, wird das Gesicht weich, die Atmung beruhigt sich.

Der Bauch ist das, was in der patriarchalen Welt am meisten stört. Zum einen ganz praktisch, materiell. Frauen sollen keinen Bauch haben. „Das Bäuchlein muß weg", sagt die Werbung für Schlankheitsmittel neckisch. Frauen, gewohnt, Forderungen vorwegnehmend zu erfüllen, ziehen also ihre Bäuche ein, malträtieren sie, lassen sich Fett absaugen, hungern sich aus dem Bauchraum hinaus in die Welt der coolen Jungs, wo Mädchen aussehen wie androgyne Wesen, bis wieder Busen verlangt wird, der dann mit Silikon nach männlichen Phantasien zum „Busenwunder" stilisiert wird. Bauchwunder gibt's nicht. Silikonbauch? Vergiß es. Der Bauch muß weg. Der Bauch ist die archaische Kraft, das Weibliche, das sich nicht unterordnet, sondern in sich ruht und immer wieder neue weibliche Wirklichkeiten erzeugt. Raus mit der Gebärmutter und den Eierstöcken.

Ich sitze im Aufenthaltsraum der gynäkologischen Abteilung eines Münchner Krankenhauses. Ein Tumor im Bauchraum droht lebenswichtige Organe abzuwürgen. Ich habe mich mit verschiedenen Gynäkologinnen, zwei befreundeten Ärzten, meiner an Krebs erkrankten Freundin, meiner Schwester, meiner Tochter, meinen spirituellen Hilfsgeistern besprochen und mich zu einer Operation entschlossen. Ich dachte daran, daß ich zwar telepathisch kommunizieren kann und es gelegentlich auch getan habe, für die tägliche Kommunikation aber Telefon oder Internet benutze. Daß ich mit meiner Energie an Orte gehen und mit Wesen kommunizieren kann, aber nach wie vor zu Workshops mit dem Zug fahre. Ich bin die weise Frau, die Zauberkundige, die mit allen Mitteln ihrer Zeit arbeitet – und von diesen Mitteln soviel wie nötig, sowenig wie möglich beansprucht. Aber mir ist bewußt, daß ich im Zentrum des möglicherweise bedrohlichsten Ortes für Frauen sitze: der gynäkologischen Abteilung eines Krankenhauses. Hier wurden Frauen völlig ohne Not ihrer Gebärmutter, ihrer weiblichen Organe beraubt („Vierz'gerservice" nannte man das in der Schweiz: Wozu brauchen Sie mit vierzig die Gebärorgane noch?), hierher wurden sie gedrängt, um ihre Kinder zu gebären, um Ärzten ihre Existenz zu sichern, hier verlieren sie nicht selten ihre eigene.

Sowenig wie möglich, nur soviel wie nötig, auch von der Schulmedizin. Ich habe mich an meinen wichtigsten Grundsatz gehalten. Wenn ich leben will, habe ich keine Wahl. Ich bin umgeben von sympathischen Frauen, einer kaum vierzigjährigen Professorin, die die Gynäkologie leitet, von Schwestern (sisterhood is powerful), von Frauen, die die unterschiedlichsten Probleme mit ihrer Weiblichkeit, ihrem Leben und ihren weiblichen Organen haben.

Wie von Zauberhand arrangiert habe ich das Zimmer in der Nacht vor der Operation für mich. Ich räuchere mit Salbei, zünde eine Kerze an, lege mitgebrachte Steine zu einem Kreis aus und stelle die getöpferte Replik einer Urzeitgöttin Lanzarotes in die Mitte. Magie und Medizin, die Verbindung von vernünftigen Überlegungen und intuitiver Entscheidung ist möglich. Ich rufe die Göttinnen, die Helferwesen. Durch den Krankenhausgarten schleicht ein Fuchs.

Die Not der Patientinnen ist unbeschreiblich. Sie kommen aus desolaten, gewalttätigen, auszehrenden, übergriffigen Beziehungen. Sie leben oft fern ihrer eigenen Kraft, ihrer eigenen Wünsche und Bedürfnisse, ganz einem Ehemann, einer Familie, einer gesellschaftlichen Situation untergeordnet, und gehen zu ihren diversen Operationen wie Vieh zur Schlachtbank. Ergeben in ihr Schicksal, weinend, klagend. Warum ich? Wer ist schuld? Niemand ist schuld. Die Welt, in der wir leben, ist keine von Frauen gestaltete Welt. Frauen mit ihrem Körper, ihren Bedürfnissen, ihren Träumen kommen kaum vor, wenn sie auch mittlerweile in vielen höheren Positionen arbeiten. Es ist nicht ihr Entwurf, in dem sie werkeln. Sie dürfen nur die Flächen des vorher von anderen gestalteten Malbuchs ausmalen (viele Männer empfinden das heute genauso und fühlen sich in der patriarchalen Ordnung nicht zu Hause). In dieser Welt, in der Umweltzerstörung, Krieg, militärische Einsätze gegen demokratische Aktionen zum „rationalen" Konzept gehören, kann eine Frau nicht erwarten, daß die „irrationalsten" aller Einrichtungen, die weiblichen Organe, geschont und gepflegt werden, daß sie selbst sich entfalten und ohne Schaden leben kann. Sexuelle Gewalt und Überforderung schlagen sich im weiblichen Körper nieder, Gifte, genetische Schädigung auch. Jede kann es treffen. Die Frage ist nicht: warum, weil die Antwort wäre: warum nicht?, sondern: Wie begegne ich so einer Situation.

Ich will gar keinen Besuch, sagt meine Bettnachbarin. Den Scheiß, den die mir erzählen, will ich nicht hören, ich hab' ihn selber oft genug gesagt. Warum hast du denn nicht auf dich geachtet? Das ist psychisch, du mußt herausfinden, warum du das zuläßt. Sie lacht bitter. Erst wenn es dich selbst trifft, merkst du, wie vernichtend die scheinbare Solidarität der Frauen sein kann. Sie pflegen dich, bringen deine Unterhosen, etwas zum Naschen, Blumen, Kosmetik und bauen dich mit lieben Worten auf. Aber jede will etwas finden, was dein Schicksal zu deinem macht und nicht etwa zu einem, das jeder passieren, zu jeder passen kann. Denn das würde ja jede gefährden. Und mir passiert sowas nicht. Du mußt schon Schuld auf dich geladen haben, sonst hättest du sowas nicht. Und da sind wir dann wieder bei der alten christlichen Schuld-und-Sühne-Theorie. Wir haben gesündigt, jetzt büßen wir. Und wenn wir auch locker die Konfession, die Zugehörigkeit zu einer Kirche abgestreift haben, die Gehirnwäsche werden wir nicht so leicht los.

Jede weiß ein anderes Rezept, wie eine gesund wird. Hältst du es nicht ein und geht es dir schlechter: Naja, wenn du nicht auf mich hörst! Ich hab's dir gesagt. Aber du bist ja nicht offen. Wahrscheinlich willst du nicht geheilt werden.

Heilungsprozesse funktionieren nicht nach berechenbaren Methoden. Hingabe öffnet die Sinne und macht den Blick wacher. Aber wenn der Zeitpunkt nicht stimmt, hilft auch das Mittel nicht. Da sind Frauen besonders klar. Jede. Auch die Frau, die sagt, sie wisse nicht, was für sie gut sei und was sie eigentlich wolle, weiß sehr genau, was sie nicht will, und wehrt sich gegen heilerische Übergriffe: Das hilft bei mir nicht. Das muß ich gar nicht probieren. Dagegen bin ich allergisch.

Tapfer sein? Zähne zusammenbeißen? Nein. Genuß, Hingabe, wache Lebendigkeit, ekstatische Lust, Experimentierfreude und vor allem Kommunikation bringe ich ins Spiel. Das Leben ist kostbar. Der Tod auch.

Kein Bereich ist so stark mit Moral, mit Wertung, mit dem Prinzip von Schuld und Sühne verknüpft wie die Medizin – erstaunlicherweise nicht so sehr die Schulmedizin wie die alternative Heilszene. Als ich begann, mich mit Heilmethoden aller Art zu beschäftigen und persönliche Geschichten über die Wirksamkeit sanfter Heilweisen zu erforschen, war ich schockiert, wie selbstgerecht und unverblümt religiös die Krankheitsdiskussion geführt wurde. Ich fühlte mich in den Sumpf der fünfziger Jahre zurückgeworfen. Krankheit entsteht, weil man etwas falsch gemacht hat. Punkt. Man könnte ja auch wertfrei darüber sprechen, daß jede Ursache Wirkung zeigt, daß destruktive Kräfte aller Art, die Härte des Alltags, Gifte in der Umwelt, im Wasser, im Essen, Elektrosmog, Abgase den Körper angreifen, daß erlebte Gewalt in der Kindheit die Balance zwischen Körper und Geist angreift, daß der Körper offenbar irgendwann dem Verschleiß und Verfall unterliegt, bei manchen Menschen früher, bei anderen später, weil bis jetzt noch niemand ewig lebt. Und natürlich gibt es einen gewissen Zusammenhang zwischen Risikofreudigkeit und Verletzungsgefahr, destruktiven Lebensgewohnheiten und daraus resultierenden Krankheiten. Aber eben auch nicht immer. Die Lebensenergie mag unendlich sein, der Körper ist es nicht. Je älter wir werden, um so mehr Schädigungen tauchen auf und wollen behoben werden.

Du hast in einem anderen Leben karmische Schuld auf dich geladen, das mußt du jetzt büßen, sagte mir eine Heilerin, die ich immer für ein bayerisches Original gehalten hatte. Meine Gedanken schweiften ab. Karmische Schuld, das ist die Lösung. Damit können wir endlich alle verhungernden Kinder, alle vergewaltigten Frauen erklären. Hätten sie nicht soviel karmische Schuld auf sich geladen, steckten sie jetzt nicht so tief in der Scheiße.

Ich erinnerte mich an das Krankenzimmer nach dem Unfall vor Jahren. Es war der heißeste Sommer seit langem. Unmittelbar vor unserem Fenster wurde ein Neubau des Krankenhauses hochgezogen. Der Krach war infernalisch. Als ich mich beim Arzt beklagte, sagte er: Sie sind hier nicht zur Erholung, Sie sollen nur gesund werden.

Um mich herum lagen verletzte Frauen, die wie ich versuchten, das Beste aus der Lage zu machen. Die Tür öffnete sich. Eine Heilerin trat ein, schoß auf mich zu und gab bekannt, mich heilen zu wollen. Der Fernseher lief im Versuch, den Baulärm zu übertönen, auf Hochtouren. Das Chaos aus Lärm, Hitze und Schmerz war perfekt. Die Heilerin legte ihre zarte Hand auf ihre Stirn und hauchte: Bei diesem Krach kann ich nicht arbeiten. Ich bekam einen hysterischen Lachanfall, eine der gebrochenen Rippen stach in die Lunge – mir blieb buchstäblich die Luft weg. Danach kam keine Heilerin mehr in meine Nähe.

Du solltest mitkommen zur Kalachakra-Meditation, sagte meine Homöopathin und entwarf alle Stadien des Todes für mich: Zuerst geht die Erde, du siehst dann nichts mehr, dann geht das Wasser, du hörst nichts mehr. Wenn das Feuer geht, kannst du nicht mehr sprechen, wenn die Luft geht... Unbekümmert entwarf sie mitten auf der Straße die Stationen des tibetischen Totenbuchs für mich, und ich stand sprachlos, atemlos vor ihr. Gerade hatte ich eine möglicherweise finale Diagnose gehört, und sie plauderte mich mit ihrer unerbittlich hellen Stimme nieder ohne ein Wort des Mitgefühls.

Vor mir stand die Schwester Oberin im Kindergarten. Wenn du unkeusche Gedanken hast, verbrennst du im Höllenfeuer. Wenn du unartig bist, kommst du ins Fegefeuer... Augenblick mal, so tot bin ich noch nicht, sagte ich. Noch ist ja nicht mal klar, ob der Tumor bösartig ist. Trotzdem müsse ich mich mit dem Sterben befassen, beharrte sie. Natürlich, ich befasse mich immer wieder mit dem Sterben. Ich war dem Tod bereits dreimal so nahe, wie man gerade noch davon berichten kann. Der Tod ist interessant, weil unergründlich. Wir können uns daran reiben, in Trancen und Meditationen dieses Zwischenreich erforschen, aber wie der Tod wirklich ist, weiß niemand. Das wurde mir auf krasse Weise klar, als ich den Dokumentarfilm über Elisabeth Kübler-Ross sah. Ein Leben lang hat sie mit Sterbenden gesprochen, sie interviewt, ihnen geholfen, Abschied zu nehmen, jetzt liegt sie selbst nach mehreren Schlaganfällen hilflos im Bett und kann weder leben noch sterben. Ihre ganze Forschung kann ihr bei der eigenen Todesangst nicht helfen.

Ich beschloß, mir etwas bayerisches Instant-Healing zu verpassen, und ging Weißwürste essen. Beim Essen dachte ich an die Moral. Wenn über Krankheiten geredet wird, wissen alle sofort über die Ursachen Bescheid. Du hast geraucht, jetzt kriegst du Lungenkrebs, das ist doch klar. Aber was sagst du zu der Frau, die nie aktiv und kaum je passiv geraucht hat, die ihre Ferien in der Natur verbrachte, glücklich und zufrieden so wenig zerstörerisch gelebt hat wie möglich und innerhalb von wenigen Monaten an Lungenkrebs starb? Warum starb eine Freundin mit vierunddreißig Jahren an Nierenkrebs? Warum eine andere kaum älter an Brustkrebs? Karmische Schuld? Heimliche Verknotungen in ihrem System? Verkrampfte, verlogene Frauen? Familienschuld, Erbsünde – alles habe ich schon gehört. Irgendwas ist immer. Aber was? In der esoterischen HeilerInnenszene mußt du ja schon dankbar sein, wenn du einfach Hunger haben und infolgedessen essen darfst. Manchmal kann die Anamnese nämlich bis zu deinen Urahnen gehen: Sie haben jemanden verhungern lassen, das mußt du jetzt ausbaden! Sie hatten selbst immer Hunger! Jemand in deiner Familie ist verhungert! Sie haben karmische Hungerschuld auf sich geladen!

Wieso starb dreißigjährig eine Freundin durch Gebärmutterhalskrebs? Zu viele sexuelle Kontakte, wie eine befreundete Hebamme augenzwinkernd anmerkte? War sie „nicht ehrlich mit sich selbst", wie bei der Beerdigung eine Frau sagte. Hatte sie sich überfordert? Welche Frau überfordert sich nicht? Welche Frau ist immer ehrlich mit sich selbst? Welche Frau kann von sich sagen, alle dunklen, unbekannten Räume geöffnet, gelüftet und ausgeräumt zu haben? Müssen wir jetzt auch noch die Schuld unserer Peiniger mit übernehmen? Anstatt die Prozesse der Veränderung, der Wandlung anzunehmen, werfen wir uns gegenseitig vor, daß wir uns verändern und sterblich sind. Du kannst Mitgefühl und Hilfe ohne Hintergedanken überall finden, wirklich schwierig aber wird es bei esoterisch orientierten Frauen, in der spirituellen Frauenbewegung. Das scheint ein Phänomen zu sein wie das der Frauenprojekte: Wenn Frauen für Männer arbeiten, halten sie den Laden am Laufen, schaffen das Unmögliche. Sobald sie ihre Energien in selbstbestimmte Frauenprojekte stecken, scheinen sich ihre Fähigkeiten in Luft oder, schlimmer, in Gejammer aufzulösen.

Was dahintersteckt? Ich glaube, das zu verstehen ist der Schlüssel zur Eigenmacht von Frauen. Wir leiden alle, ALLE, an einem Mangel an Selbstwertgefühl. Erst wenn wir anfangen, uns alles, ALLES, zu verzeihen, können wir daran denken, die Machtverhältnisse zu verändern. Denn dann verzeihen wir genauso gern anderen Frauen, und nur so, NUR SO, entsteht wirkliche Solidarität.

Wenn du auch gelegentlich denkst, eine eigenmächtige, starke Frau, die ihre Sinne beisammen hat, müßte doch eigentlich alle Prozesse in ihrem Körper beeinflussen können, dann mach folgenden einfachen Versuch: Wenn dir das nächste Mal Staub ins Auge fliegt, versuch nicht zu blinzeln. Wenn dir jemand auf die spezielle Stelle am Knie schlägt, versuch den Fuß nicht hochschnellen zu lassen. Wenn du niesen mußt, versuch den Reflex zu unterdrücken. Stell dich ganz dicht hinter eine Scheibe, laß eine Person auf der anderen Seite bis kurz vor die Scheibe boxen, und versuch nicht zurückzuschrecken. Wenn du das nächste Mal vor einer schwierigen Situation Durchfall oder Gänsehaut bei Kälte hast, versuch das aufzuhalten.

Was ich damit sagen will? Der Körper unterhält jenseits der Kontrollstruktur des Geistes ein funktionierendes Basissystem, auf das wir keinen Einfluß haben, das uns vor unmittelbaren Gefahren schützt, das archaische Erfahrungen, vererbte Anlagen gespeichert und uns mit Reflexen ausgestattet hat, die der Abwehr dienen. Auf dieser Ebene können wir mit Anweisungen, moralischen Forderungen, Verbesserungsvorschlägen nicht landen.

Ein beliebter Ausspruch in bayerisch-katholischen Frauenkreisen war: Das ist die Strafe Gottes für deine Frechheit/deine Sünden. Wenn du geflucht hast, dann hast du dir sicher das Knie aufgeschlagen. Daß sich Tausende Kinder das Knie aufschlugen, ohne zu fluchen, konntest du als Kind ohne Überblick nicht wissen. Außerdem wäre die Erklärung der „weisen Frauen" sicher gewesen: Die werden schon irgendwas angestellt haben. Irgendwas stellt ein Kind ja immer an.

Ich verstehe das heute so: Dieser Gott, den es also geben soll, hat zwar keine Zeit, keine Lust und null Motivation, die Menschen zu unterstützen, die Frieden suchen, anderen helfen und versuchen, Leid zu lindern, aber er hat genug Zeit, kleine Kinder zu quälen und sich an ihrer Angst zu weiden.

Der Moralismus der sanften MedizinerInnen schlägt oft genug in diese Kerbe: Du hast etwas falsch gemacht, dafür mußt du jetzt büßen. Überprüf dich. So ehrlich, wie du tust, bist du doch nicht. Da wird schon irgendwo der Hund begraben sein! Es geht nicht mehr um die Mörder, die Umweltzerstörer, die Vergewaltiger, die Betrüger, es geht darum, auch noch bei der sanftesten aller Frauen ein Haar in der Suppe zu finden.

Schuld und Sühne, das heimliche Liebespaar der MoralistInnen, ziehen den Kranken den Boden unter den ßen weg: Wenn dein Herz nicht frei von Haß, frei von miesen Gefühlen, frei von Verletzungen ist, wirst du krank. Wenn du nicht im Einklang mit der Natur bist, wirst du zerstört. An die Stelle des rachedurstigen, revanchistischen, grausamen Gottes ist die gnadenlose „Moral" der Natur getreten. Sie „richtet", sie „rächt sich", sie „schlägt zurück".

Im Krankenhaus sagte eine Frau: Ich hatte ein so gutes Leben, alles, was ich wollte, habe ich erreicht und bekommen. Jetzt habe ich Brustkrebs. Das ist die Strafe. Wozu brauchen wir solche Hilfskonstruktionen? Jetzt muß die arme Frau zu ihrem Heilungsprozeß auch noch ihre Schuldgefühle bearbeiten.

Ich denke an den fetten siebzigjährigen Mann, der morgens als erstes den Ständer mit der Infusionsflasche packte und ins Krankenhauscafé schlurfte, wo er den Rest des Tages rauchend und kartenspielend mit anderen Männern verbrachte, die wie er noch nie eine Sojabohne von innen erlebt hatten und nichts anderes aßen als fettes Schweinefleisch. Als wäre das noch nicht genug, holten sie sich gegen Nachmittag heimlich Bier aus der Wirtschaft nebenan und hielten sich nicht lange auf mit Schuld und Sühne, unkeuschen oder haßerfüllten Gedanken, den Stufen des Todes. Naja, mit Erleuchtung auch nicht, aber was soll's.

Alle diese Männer werden irgendwann aus dem Krankenhaus entlassen, leben ihr Leben, wie sie wollen, legen keiner Heilerin Rechenschaft ab, und wenn wieder was schief geht, „lassen sie es richten". Ihre Frauen bemuttern sie, kochen ihnen das Essen, das sie irgendwann wieder krankmachen wird, sie verschwenden keinen Mikrogedanken an karmische Schuld, werden uralt und sterben an Langeweile. So einfach kann das Leben sein.

Ihre Augen verschwimmen, der Blick fällt nach hinten, irgendwo zwischen Pretty Woman und ihre Spirale, und sie streichelt geistesabwesend meinen Walkman. Was ist los mit dir, frage ich beunruhigt, weil ich sie so nicht kenne. Er ist der Mann meines Lebens, sagt sie und hat überhaupt kein Problem damit, daß das einer der Sätze ist, die weltweit auf dem Index stehen, weil er eine Entwicklung einleitet, die mit den Menschenrechtskonventionen der UNO nicht vereinbar ist.

Bei mir wird außerdem die Notfallautomatik betätigt: Reisetasche packen und die nächsten zwei Wochen aus der Nähe meiner Freundin verschwinden. Ich will nicht warten, bis sich die Östrogennebel verziehen und ich nächtelang auf die ersten quälenden Entzugsfragen antworten muß: „Glaubst du, er liebt mich wirklich? Wo war er gestern abend? Meinst du, er trifft sich noch mit seiner Ex? Mein Selbstbewußtsein ist auf dem Nullpunkt."

Den Kommunikationsversuch mit der Hormondatei habe ich aufgegeben. Es ist unglaublich kompliziert, mit einem archaischen Biosoftware-Programm zu kommunizieren, das gestartet wurde und automatisch bis zum Anschlag durchläuft. Aber ich habe mir Gedanken über das Programm gemacht. Daß es auch ein paarmal durch mein System gelaufen ist, erleichtert die Analyse.

Die Kurzfassung:
Meiner ist anders (Stadium I).
Meiner ist schlimmer als alle anderen (Stadium II).

Die Langfassung:

I.

Also ich habe da einen Typen getroffen, er sieht nicht besonders gut aus, hm, man könnte sogar sagen, er ist häßlich. Wir arbeiten wahnsinnig gut zusammen, ergänzen uns wirklich erstaunlich gut. Heute hat er mich zum Essen eingeladen. Eigentlich habe ich keine Lust, aber ich glaube, es ist gut für unsere gemeinsame Arbeit.

Er ist so süß, echt. Er versteht mich hundertprozentig. Wir reden gar nicht soviel miteinander, wir brauchen das nicht. Wir verstehen uns ohne Worte. (Die Hormonproduktion läuft an, das Programm „Wie erhalte ich die Art, ohne viele Worte zu verschwenden" wurde gestartet.)

Gestern haben wir zum ersten Mal miteinander geschlafen. Wow. Er ist unglaublich sensibel. Und so zärtlich. Seine Hände! Seine Augen! Na ja, der Sex selbst ist nicht so überwältigend, aber darum geht's ja gar nicht.

Ich finde ihn übrigens gar nicht mehr häßlich. Eigentlich finde ich, daß er total gut aussieht. Wie kann ein so gutaussehender Mann allein sein, meinst du, er hat eine Freundin oder eine Frau irgendwo? Was er an mir findet. Ich bin doch eigentlich viel zu dick. Vielleicht könnten wir zusammen eine Firma aufmachen. Ach, wir verstehen uns so super, er ist der Traummann meines Lebens. Mit ihm ist alles wunderbar. Er gibt mir das Gefühl, etwas Besonderes zu sein.

Ich möchte ein Kind von ihm. Hoffentlich werde ich schwanger. Das wäre wirklich das Wunderbarste, was mir passieren könnte. Ein Kind von ihm wäre die Erfüllung aller meiner Träume.

(Befruchtung geglückt, Erhaltung der Art vorerst gesichert. Das Programm wechselt selbsttätig in die Nestbau- und Brutpflegeautomatik)

Er will nicht mit zu Ikea fahren. Das langweilt ihn. Aber ich brauche ein Kinderbettchen. Ob Gelb schöner ist als Hellgrün? Das hat mich schon ein bißchen irritiert, daß er mich allein da rausfahren ließ und mir überhaupt nicht beim Ausladen geholfen hat. Leider habe ich meine Mens wieder bekommen. Ach, dann müssen wir eben weiter probieren. Macht ja Spaß!

Er hat was gegen meine Freundinnen. Dieses oberflächliche Geplapper die ganze Zeit, sagt er. Was das für eine Freundschaft sein soll. Ich treffe mich jetzt nur noch heimlich mit ihnen, damit er nicht ausrastet.

Er verlangt komische Sachen von mir, wenn ich's nicht machen will, akzeptiert er es zwar, findet mich aber zickig und prüde. Jetzt will er plötzlich kein Kind mehr. Das sei viel zu früh. Wir kennen uns doch noch gar nicht richtig, sagt er. Er sei noch nicht reif dafür. Aber ich will auch nicht warten, bis ich überreif bin.

Er redet eigentlich überhaupt nichts. Ich weiß nie, woran ich bin. Was er denkt? Seit unser Sohn geboren wurde, ist er kaum noch zu Hause. Immer hängt er mit seinen Kumpels rum. Ich hocke allein mit dem Kind da, sie gehen Bier trinken und glotzen Fußball. Er sagt, ich mache ihm Stress. Er schaut mich kritisch an und sagt: Du hast auch schon mal besser ausgesehen. Ich weiß ja, ich bin zu fett, und überall habe ich Pickel. Aber verdammt, es ist ganz schön anstrengend, ein Kind aufzuziehen. Er interessiert sich natürlich nicht für die ersten Zähne. Sagt, er will schlafen, und schließt sich im Büro ein.

Gestern nacht kam er nicht nach Hause. Er legt sich aufs Sofa, steckt sich 'ne Zigarette an und sagt, ich soll mich nicht so aufregen. Wir haben schon ewig nicht mehr miteinander geschlafen. Ich hab' auch gar keine Lust auf seine phantasielosen Turnübungen. Er nimmt mich nicht mal wahr. Ist mit seinen Gedanken ganz woanders. Ich fühle mich häßlich und alt. Wie konnte ich mich auf so einen kommunikationsunfähigen Vollidioten einlassen!

II.

Überall stehen Bierflaschen. Es riecht nach seinen Käsesocken, die er nicht wechselt. Er glaubt, ich wasche sie dann schon, wenn sie mir stinken. Früher warst du viel lustiger, sagt er. Wie konnte ich auf ihn reinfallen. Er redet nichts, er hat keine Phantasie beim Sex, er blüht nur beim Fußball auf, ich existiere praktisch nicht, außer wenn ich streite, und dann macht er mir klar, wie eng ich im Kopf bin. Das kann sich kein Mensch vorstellen, wie grauenhaft dieser sonst so charmante Mann zu Hause ist. Alle sagen immer, wie witzig und nett er ist und was ich für ein Glück habe, mit so einem Traummann verheiratet zu sein. Aber kaum liegt er zu Hause auf dem Sofa, fallen alle Traumqualitäten von ihm ab. Als ich sagte, er soll den Müll runtertragen, grinste er nur. Streitsüchtige alte Kuh, sagte er. Seit Tagen hat er kein Wort geredet. Wenn ich ihn zur Rede stelle, nimmt er seine Jacke und verläßt die Wohnung.

Er will mir das Sorgerecht wegnehmen lassen. Er sagt, wenn ich Zicken mache, bringt er mich ins Irrenhaus. Die Nachbarn hätten eh schon die Schnauze voll von meinem hysterischen Geschrei nachts.

Die Frau hinter dem (Östrogen-)Schleier tanzt den uralten Tanz der Arterhaltung, tarnt ihn als Bewußtseinserweiterung, Denkprozeß, intellektuelle Auseinandersetzung, als mythische Erfahrung, kulturellen Austausch, als Mitgefühl, Hilfsprogramm, religiöse Übung. Sie spürt, wie die Körperchemie in Gang kommt, und sagt vielleicht noch kokett: Zwischen uns stimmt die Chemie, aber sie erinnert sich nicht an das letzte Mal, als dieser Prozeß seinen Anfang nahm. Der Schmerz alter Erfahrungen läßt sich nicht neu beleben und zum Vergleich heranziehen, wie der Körper ja auch sonst jeden Schmerz ins Vergessen sinken läßt. Die Anstrengungen einer Geburt sind bei den lustvollen Versuchen, ein zweites Kind zu zeugen, einfach kein Thema. Ein Zusammenhang entsteht nur zwischen dem Mythos „ein gemeinsames Kind" und der romantischen Aura, die diesen Mythos umgibt. Zu Anstrengung, Qualen, Demütigung, Verzicht, Schlafverlust und Erschöpfung entsteht keine Verknüpfung.

Anstatt wahrzunehmen, wie die Natur den Körper steuert, die alte Programmierung zu erforschen, wenn sie schon nicht verändert werden kann, werfen wir den Schleier des Vergessens über die Ungereimtheiten zwischen Männern und Frauen und lassen die Blüten der Östrogenphantasien aufsteigen. Der hormonelle Weichzeichner ist natürlich auch ein Lösemittel für allzu harte Realität. Weichgespült lebt sich's erst mal widerstandsloser. Wie bei jeder Sucht kommt der Hammer zum Schluß, aber egal, wie oft er kommt: Der Körper verweigert uns die Erinnerung. So wie wir uns an Schmerz nicht physisch erinnern können, so vergessen wir auch das kantige Ende der weichen Illusion Verliebtheit. Der Blick vernebelt sich, aus einem arbeitslosen Kiffer wird Prinz Wunderbar, aus einem verzweifelten Asylbewerber der Prophet, aus einem Bankangestellten der geheimnisvolle Fremde, aus einem Kellner ein tantrischer Mystiker.

Wie kann man rechtzeitig in die biologische Programmierung eingreifen und sich ihren Mechanismen entziehen? Eine ketzerische Grundeinstellung hilft. Frauen, die schon in der Phase rasender Verliebtheit Selbstironie und analytische Qualitäten entwickeln, die totale Begeisterung mit gelegentlicher Skepsis würzen, haben eine gute Chance, sich selbst, aber auch dem Angebeteten gerecht zu werden und den genitalen Ernst durch Lust, Erkenntnis und Verständnis zu ersetzen.

Würde es zu weit gehen zu sagen: Ich will einfach nur phantastisch guten Sex, also gehen wir jetzt beide auf den Grund unserer Wünsche und Bedürfnisse, nehmen einander wahr, greifen das Wahrgenommene auf und schenken uns das, was dazu noch fehlt?

Vor zwei Jahren zog ich mit einer Freundin an Silvester sturzbetrunken durchs Viertel, wir wünschten den arglosen Passanten „guten Sex". Mit unterschiedlichen Reaktionen. Manche lachten, andere beschimpften uns, wieder andere fingen an zu diskutieren, was guter Sex sei, und wie man ihn erreiche. Wir waren jedenfalls gut drauf und uns einig, daß ein befriedigendes Liebesleben die Voraussetzung für allgemeine Ausgeglichenheit ist.

Diese Freundin hatte dann einen Liebhaber. Es war guter Sex. Sie versuchte die große Liebe daraus zu konstruieren. Jetzt hat sie verschiedene Ängste: Er könnte ihr abhanden kommen. Er könnte ihr auf der Tasche liegen. Er könnte sie nicht mehr attraktiv finden. Er könnte sie heiraten wollen. Er könnte eine andere finden und die heiraten wollen. Er könnte sie nicht schön finden.

Er ist zu einer überdimensionalen Mythenfigur angewachsen, während sie sich klein und häßlich findet, den ganzen Tag melancholisch herumläuft und vor sich hinlächelt. Es wird nicht lange dauern, bis der Östrogenschleier reißt und die karge Wirklichkeit durchschimmert, das Bankkonto wieder an Einfluß gewinnt, der Kopf wieder etwas zu arbeiten haben will und Unzufriedenheit neue Betriebsamkeit auslöst. Guter Sex? Das besprechen wir jetzt nicht. Das würde er nicht so lustig finden.

Guter Sex ist ein Thema für realistische Menschen, die Verantwortung für sich selbst übernehmen wollen. Die Forderung nach gutem Sex ist eine Provokation für die Romanheftillusion, es gehe zwischen Frauen und Männern um Romantik und selbstlose zärtliche Liebe. Meine Erfahrung ist, daß die am ehesten dann entsteht, wenn die Frage nach gutem Sex geklärt ist, wenn die verlogene Schwärmerei in verantwortungsvolles, selbstbestimmtes Handeln übergeht.

Intrigen – die Magie der Machtlosen

Die Ungereimtheiten eines weiblichen Lebens verdichten sich in den Wechseljahren gern zu einem kleinen, pochenden Universum von Neid, Mißgunst und Revanchismus. Ältere Frauen fangen an, jüngere in ihrer Kompetenz anzugreifen, weil sie erkennen müssen, daß sie auf ihre glatte Haut, auf ihren Körper, auf die Frische der Jugend neidisch sind. Unser ganzes Leben üben wir die Kunst der Nadelstiche, der dosierten Giftspritzen, gezielten Gemeinheiten, die nicht unbedingt nachweisbar sind. Magie ist kein Thema, aber mit Worten und Blicken weben wir Energienetze, hinter denen Schneewittchens Stiefmutter verblassen würde.

In der Zeit der Wechseljahre ist die oft absichtslose Magie der Intrige, dieser Lieblingsbeschäftigung der Machtlosen, zur komplexen Kunst geworden. Wie oft haben wir das falsche Wort zur falschen Zeit gesprochen. Jetzt fällt das richtige genau auf seinen Platz und detoniert. Jetzt schlägt eine scheinbar achtlos hingeworfene Bemerkung Wurzeln. Jetzt läßt sich ein Bild nicht mehr wegwischen, das einmal evoziert wurde.

Der Anspruch der eigenen magischen Machtentfaltung beginnt mit einem Zauber der Zerstörung: Was die sich einbildet! Dahinter steckt einerseits die Erkenntnis, daß alle Frauen magische Macht haben, sonst könnte sich eine ja nichts einbilden. Andererseits wird die eigene Macht dagegengestellt. Ich erkenne dich, wir kommen aus derselben Schule! Einen Mann kannst du täuschen. Er kennt die komplexen Schichten weiblicher Schöpfungskraft nicht. Er läßt sich umgurren, einwickeln, er fällt auf jeden Trick herein. Aber nicht auf ihn sind Frauen sauer, sondern auf die Trickreiche, die ihre Kunst in Vollkommenheit anwendet. Die hat den Mann total ausgenommen. So ein raffgieriges Luder. So eine raffinierte Nutte.

Augenblick mal. War das Problem an der Nutte nicht der Mann, der unbedingt Sex kaufen will? Ist das Luder nicht ein Produkt weiblicher Existenznot? Wovon sollen die Frauen denn leben, wenn es keine Arbeitsplätze gibt?

Prostitution ist dem patriarchalen System immanent. Wenn alles käuflich ist, warum nicht die Sexualität. Wenn alle Fähigkeiten eingesetzt werden können, warum dann nicht auch die Fähigkeit zur Verführung? Warum sollte es moralisch höher stehen, wenn ich meinen Rücken im Akkord ruiniere, als wenn ich mein Geschlecht zur Existenzsicherung einsetze? Warum gilt Clinton immer noch als seriöser Politiker, Monika Lewinsky aber als Hure? Warum gilt Prostitution als verwerflich, schwere Hausarbeit nicht? Die hat sich hochgeschlafen? Besser als heruntergearbeitet ist das allemal. Aber in diesen empörten Beurteilungen, die nicht aus der Kirchengemeinde, sondern aus Therapiezentren, Frauenfesten, spirituellen Frauenkreisen kommen, liegt ein durch Emotion verwischter und dennoch messerscharfer Machtanspruch: Du nicht! Ich! Du machst es falsch, ich mach' es richtig. Du bist schlecht, ich bin gut. Du bist zu kritisieren, ich habe Recht. Du bist verdorben, ich habe moralische, spirituelle, religiöse, ethische Werte.

Wir vergleichen uns mit anderen Frauen aus einem einzigen Grund. Wir sind auf der Jagd nach Indizien, daß wir es besser machen. Der eigene Weg muß der bessere sein, sonst wäre ja jeder irgendwie okay. Und was wäre dann? Würden wir wirklich damit zurechtkommen, wenn wir wüßten, daß wir auf jedem, aber auch wirklich auf jedem Weg scheitern oder glücklich werden könnten, ganz ohne uns zu vergleichen?

Dieses enge Oberteil sieht billig aus. Mit Stöckelschuhen kommt die zur Meditation! Dieses ewige oberflächliche Gegacker! Die ist noch nicht soweit, die darf noch nicht in den inneren Kreis eingeweiht werden! Die hat ihr Leben noch nicht wirklich der Göttin untergeordnet. Die muß sich nicht wundern, wenn ihr jeder Mann wegläuft, wenn sie soviel fordert... Und je älter Frauen werden, um so zentraler wird der Zeigefinger: Jetzt sage ich euch mal, wie's geht.

Für jedes Problem haben wir eine Lösung. Jede offene Frage bringt Tausende von Antworten – vorausgesetzt, es ist nicht unser eigenes Problem. Ich habe immer allen geholfen, und jetzt kann ich mir selbst nicht helfen, sagte die Frau, die mit Verdacht auf Brustkrebs neben mir im Krankenzimmer lag. Kein Wunder. Bei anderen alles zu wissen, erfordert kein bißchen Ehrlichkeit, Ruhe, Selbstwertgefühl. Da läuft die Besserwisserautomatik an, und alles ist sonnenklar. Spricht mich eine mit dieser Klarheit an, empfinde ich es vielleicht als Beleidigung, als Verletzung. Und vielleicht stimmt es ja gar nicht, vielleicht hat die Frau keine Ahnung? Wir kommen nicht darum herum, uns selbst einzulassen in den Raum der Verletzungen. Und es gibt nur einen Schlüssel: Ich verzeihe mir alles, auch wenn du mir nicht verzeihst.

Der weibliche Raum ist auch die Giftküche, in der die Frustrationssuppe, reichlich gewürzt mit Mißgunst, Besserwisserei, Häme, Eifersucht und Sehnsucht, ewig vor sich hinköchelt. Der weibliche Raum ist auch das Gewebe der Medea. Als der Jason der griechischen Sage Medea für eine junge Frau verließ und Medea mit ihren zwei Söhnen einfach sitzenließ, blieb für die alternde Königin nur ein Weg. Sie tötete ihre Söhne und begann am Hochzeitsgewand für die junge Frau zu arbeiten; sie webte schillernde Fäden aus Haß, zähe Fäden der Depression und grelle Fasern von Schmerz zu einem schreienden Gewebe, das sie mit Schrecken und Angst anreicherte. Dann warf sie den Schleier der Unsichtbarkeit darüber und gab das überirdisch schöne Gewand der jungen Rivalin. Als die es überstreifte, fuhr ein Feuer über ihre Haut, wie sie es nie gekannt hatte. Sie wollte das Kleid ausziehen, aber es saß fest auf ihrer Haut, ihre Dienerinnen konnten es ihr nicht vom Leib reißen, und so rannte sie zum höchsten Felsen und stürzte sich in die Tiefe, die Qual der Alten mit sich nehmend.

Das, was dich an einer anderen am meisten stört, ist das, was du an dir selbst nicht erträgst. Warum soll die es leichter haben, wenn du es so schwer hast? Die Antwort ist: Weil mit der Zeit es alle leichter haben, wenn es eine leichter hat. Weil die Leichtigkeit genauso ansteckend ist wie die Schwere. Weil Verletzungen heilen, indem sie mit Heiterkeit und Leichtigkeit gelindert werden. Weil das unbekümmerte Lachen, die Frechheit, der Übermut der einen Frau auch die andere mitreißt. Die Verletzung der anderen ist der Spiegel deiner Verletzung. Wenn du dir selbst verzeihen kannst, dann kannst du irgendwann auch der anderen nichts mehr übelnehmen. Unsere einzige Chance liegt in der Verweigerung der Qual, im frechen Aufbegehren gegen die Strafe, selbst gegen den Schmerz.

Von hinten Lyzeum, von vorne Museum – dieser Spruch über die junggebliebenen Alten weist den Weg in den vorgegebenen Raum. Aber was sagt er uns? Werde gefälligst von hinten so alt wie von vorn? Häng deinen jung gebliebenen Hintern nicht in eine knackige Jeans, wenn du nicht mehr zwanzig bist? Wer will uns vorschreiben, wie alt das Gesicht und die Haut aussehen dürfen, wenn wir sie noch der Luft aussetzen wollen? Woher kommt überhaupt dieser scharfe Wind?

Die Machtlosigkeit der Frauen hat in allen Kulturen ein zähes Gewebe von Intrigenhornhaut erzeugt. Frauen wachsen in die Wertvorstellungen, wie eine Frau sich in ihrer Kultur zu verhalten hat, hinein, indem sie von anderen Frauen instruiert und gehirngewaschen werden. Klitorisbeschneidung? Keine Ahnung, wozu das gut sein soll, keine Ahnung, wer das erfunden hat. Es war schon immer so. Wir wurden gequält. Warum sollt ihr es besser haben.

Die Medizin des ketzerischen Impulses bewährt sich in allen Formen der Domestizierung, der Zerstörung von Frauenkraft. Was könnte denn dahinterstecken? Die weibliche Sexualität unterscheidet sich bekanntlich von der männlichen durch ihre komplexe Struktur, ihre wellenartige Energie, ihre unendliche Erneuerung. Multiple Orgasmen – gefürchteter Mythos unter Männern. Weg damit. Wo keine Klitoris ist, wo die Vagina zerstört wurde, da ist auch keine Lust, also keine multiple Orgasmusfähigkeit.

Fundamentalistische Männer müssen das nicht mehr formulieren. Nachdem die Frauen einmal gehirngewaschen waren, funktionierte das System, Männer konnten sich elegant aus der Verantwortung schleichen. Frauen machen die Beschneidung. Männer haben damit nichts zu tun. Frauen erledigen auch die PR-Arbeit. Beschneidung ist Hygiene. Unbeschnittene Frauen sind widerlich, keine guten Frauen. Unersättlich. Kein Mann wird sie je befriedigen können.

Ach, es wäre vielleicht schon möglich, wenn es einer wirklich wollte... Aber wir müssen nicht bis nach Afrika

gehen, um den intriganten Schliff der Frauen zu studie-
ren. Die anständigen Frauen, die bigotten Frauen, die
tüchtigen Frauen, die kompetenten, klugen, diplomati-
schen Frauen weben auch bei uns den Teppich, auf dem
alle zu bleiben haben. Zu jedem Unglück, das einer
widerfährt, gibt es diverse weibliche Erklärungsmuster,
warum der das passieren mußte und daß man das natürlich schon vorher sehen konnte.

Es sind die Redakteurinnen der Frauenmagazine, die
magersüchtige, anscheinend drogenabhängige Models ab-
bilden und damit einen Trend kreieren, der bei Männern
in ist, weil sie gerade vor kräftigen, lustigen Frauen Angst
haben. Frauen greifen die Strömungen der Männer, mit
denen sie leben, seismographisch genau auf und setzen
sie oft genug um, noch ehe irgendein Anspruch erhoben,
eine Forderung gestellt wird. Die größte Qualität von
Frauen, ihre Fähigkeit, feinste Energien wahrzunehmen
und darauf zu reagieren, wird zur gefährlichsten Falle,
wenn die Energien nicht analysiert werden. Ketzerische
Impulse sind gefragt. Was mache ich da? Warum? Wem
nützt das? Die Anstrengung übersteigerter Hingabe an
fremde Bedürfnisse und die ängstlichen Bemühungen,
alles richtig zu machen, lösen Frustration und Wut aus.
Wut darf nicht sein. Frustration darf nicht gezeigt werden,
eine frustrierte Frau ist nicht cool.

Bleiben zwei Lösungen: Selbstzerstörung und Intrige.
Die hohe Magie der unglücklichen Frauen. Jetzt werden
die Potenzen gemischt. Das Wort, das die Urheberin nicht
verrät. Zum Beispiel: Das glaube ich nicht, daß sie säuft.
Altes Gesetz der Magie: Die Negierung fällt weg, was
bleibt, ist die Aussage, und die ist in der Welt, egal, wie
oft sie verneint wird. Sie säuft. Ich hab's nicht gesagt. Ich
habe gesagt: Das glaube ich nicht. Reicht das noch nicht?

Gift in Lob verpackt ist auch ein gutes magisches Mittel. Sie schreibt wunderbare Artikel, schade, daß die niemand lesen will. Magisches Gesetz: Was du rufst, kommt. Keiner will das lesen. Es braucht unglaublich viel Energie, der Magie der Frauen zu widerstehen. Eigentlich gibt es nur ein Mittel: Verbünde dich mit der universellen Energie und fang dein Leben von hinten an. Am Ende steht der Tod. Wenn du eins geworden bist mit der Tatsache, daß du sterben wirst, kannst du dir jede Frechheit, jeden kühnen Schritt, jeden Tabubruch leisten. Die Intrigen der Frauen, die Angriffe der Männer tangieren dich nicht, denn du weißt, sie alle sind sterblich wie du, haben sich damit vielleicht nur noch nicht auseinandergesetzt. Sie alle versuchen krampfhaft, die Schwachstelle zu verbergen, in die eine zauberkundige Frau ihr Gift setzen könnte. Sie alle kennen die geheimen Räume, die du auch hast, die sie ängstlich verschließen. Sie alle haben Angstschweiß auf der Stirn bei der Vorstellung, jemand könnte hinter ihre Geheimnisse kommen.

Das magische Mittel gegen Vernichtungszauber ist: Ich bin schon da, wo du glaubst, mich hintreiben zu wollen. Na und? Laß dich von dem Dämon beißen, den du am meisten fürchtest. Danach fürchtest du nichts mehr.

Und noch ein magisches Gesetz wird wirksam: Der Spiegel wirft die Kraft zurück. Was du aussendest, wird zurückkommen. Also: Wozu brauchst du das, gegen eine zu intrigieren? Bist du so schwach, daß du aus der Zerstörung anderer wachsen mußt? Wo sind eigentlich deine schwachen Stellen, laß mal sehen? Die Wunden, die uns geschlagen wurden, lassen bei vielen Frauen intrigante Energien wuchern. Tratsch ist die harmlose Version der vernichtenden üblen Nachrede, der zerstörerischen Magie der Frauen. Je älter wir werden, um so schmerzhafter durchbohrt uns der Phantomschmerz der geraubten Energie, um so wütender wehren wir uns, indem wir die angreifen, die wir am besten kennen – Frauen.

Aber es könnte auch anders laufen. Je älter wir werden, um so bewußter wird uns die Zerstörung der eigenen Kraft, um so klarer werden die Gründe dafür, um so deutlicher zeichnen sich die Urheber ab. Wir setzen unsere Fähigkeiten ein, um Heilmittel zu finden, einander zu stärken und das eigene weibliche Universum wieder ins Gleichgewicht zu bringen.

In dem Maß, wie wir uns selbst heilen und stärken, werden wir mutiger, mitfühlender, unternehmungslustiger, abenteuerlicher. Und hier wird noch ein magisches Gesetz wirksam: Was du benennen kannst, kannst du rufen. Was du benennen kannst, kannst du auch auflösen. Finde den Namen deiner Angst, deines Schmerzes, das Wort für deine Wut, die Benennung für deine Trauer. Verlaß dich nicht auf das Ungefähre. Such die Quintessenz. Die Frau, die ihre Energie vollkommen entfaltet hat, die in sich selbst ruht und eigene Blüten treibt, verschwendet ihre kostbare Zeit nicht mit der Vernichtung anderer Menschen.

Hast du eine Einladung? fragte mich die Frau an der Tür, die ich hier noch nie gesehen hatte.

Wozu brauche ich eine Einladung? Ich bin eine Freundin von Kore.

Die Frau lachte träge. Ja, ja, das sagen natürlich alle.

Ich wurde wütend. Was ist überhaupt los? Seit wann gibt's hier so einen Andrang und Einladungen und alles.

Schon immer, sagte sie. Falls du mal so durchgekommen bist, hattest du einfach Glück.

Wenn ich eine besondere Erlaubnis brauche, wenn hier nicht jede Frau reinkann, dann will ich gar nicht rein, sagte ich, drehte mich um und wollte gehen.

Hallo! sagte Kore.

Ich winkte ihr zu.

Komm rein, sagte sie.

Keine Lust, sagte ich. Ich steh nicht auf Elitegrüppchen.

Läßt du jede Frau bei dir zu Hause rein, nur weil sie eine Frau ist? fragte Kore.

Ich dachte an Ella. Ella hatte gelegentlich schizophrene Schübe. Dann kam sie zu mir und schlug meine Teller kaputt. Oder sie fuhr mit dem Taxi von Dortmund nach München, und die Taxifahrerin glaubte, von mir das Geld holen zu können. Ich dachte an Rosa, die mich gelegentlich an der Wohnungstür überfiel und mich zwingen wollte, ihr Geld zu geben oder wenigstens ihre Gedichte zu drucken.

Was ist los? fragte Kore. Sind alle Frauen heilig?

Frauen sind gar nicht so..., sagte ich.

Aber anders sind sie auch nicht, sagte Kore.

Ich glaube, du weißt, worum es geht, sagte ich.

Nein, sagte Kore scheinheilig, worum geht's?

Frauen wurden jahrhundertelang ausgegrenzt, vergewaltigt, umgebracht, verbrannt, aus allen Berufen geworfen, als Serviceeinrichtungen konditioniert. Frauen sind nicht die besseren Menschen, aber sie müssen ihre Rechte als Menschen wiederbekommen.

Sie nutzen ihre Rechte nicht, sagte Kore. Sie lehnte am Türstock und lächelte.

Ob sie diese Rechte nutzen oder nicht, ist zweitrangig. Zuerst müssen sie diese Rechte wiederhaben.

Es gibt ein Gesetz gegen Gewalt in der Ehe, aber kaum eine Frau zeigt ihren gewalttätigen Mann an. Und wenn jemand anderes ihn anzeigt, steht die Frau zu ihrem Mann und sagt nicht gegen ihn aus. Nimmt ihn zurück und läßt sich wieder schlagen.

Du weißt, warum, sagte ich. Die Konditionierung ist: Ich bin nichts wert. Ich muß froh sein, wenn überhaupt einer bei mir bleibt.

Der Konditionierung stehen Informationen gegenüber. Jede Frau kann das Programm verändern. Was in der Kindheit passiert, ist eine Sache, eine andere ist es, erwachsen zu sein und das Leben selbst zu gestalten. In-formation – durch Wissen neue Form finden. Kore blätterte durch die Briefe, die die Pförtnerin entgegengenommen hatte. Das scheint überhaupt dein Problem zu sein, sagte sie und zerriß einen Umschlag, auf den ein Regenbogen und eine Sonne gemalt waren, du kannst Frauen nichts übelnehmen, jede Frau nimmst du in Schutz, für jede, auch wenn sie noch so grausam ist, findest du eine Entschuldigung.

Nicht für jede, sagte ich. Aber nehmen wir mal dieses Paar, das zwei junge Mädchen getötet hat. Der eiskalte Mann, dem die Frau hörig war, bekommt fünfzehn Jahre. Sie, die hilflos ihrem Selbsthaß ausgelieferte Frau ohne Selbstwertgefühl, bekommt wegen besonderer Grausamkeit lebenslänglich. Die Opfersituation der Frau innerhalb dieser Ehe wird nicht gesehen. Außerdem wird besonders bestraft, daß ausgerechnet die Frau grausam ist, die liebevoll, hingebungsvoll und mitfühlend sein soll. Vom Mann erwartet kein Mensch Mitgefühl für seine Opfer.

Damit, sagte Kore, kannst du dann aber jede Grausamkeit von Frauen entschuldigen. Sie können ja nichts dafür, weil sie kein Selbstwertgefühl haben. Sie sind ja so konditioniert. Damit sprichst du Frauen Verstand, Verantwortungsgefühl und Selbstbestimmung ab. Damit sagst du doch: Frauen sind nicht zurechnungsfähig.

Das saß.

Komm rein, sagte die Pförtnerin.

Im Garten zwischen Granatapfelbäumen, Orangenbäumen und Hibiskus saßen Demeter und Hekate.

Wir sprechen nicht über Politik, sagte Demeter, verschont mich mit Nachrichten aus der Unterwelt.

Du bist so harmoniesüchtig, Mutter, sagte Kore und saugte einen Granatapfel aus.

Hekate vernähte ein kleines Beutelchen.

Darf ich dir meine Familie vorstellen, Kore deutete auf Hekate, meine Großmutter, die Meisterin aller Zauberkünste, und meine Mutter, sie hauchte einen Kuß auf Demeters Wange.

Was machst du da, Großmutter? fragte sie und beugte sich über die Arbeit der Hekate.

Ich habe dir ein Kraftbeutelchen genäht, falls du mal wieder mit diesem Jungen losziehst, du weißt schon.

Kore lachte. Da brauche ich sowas nicht.

Das haben wir gesehen! Ich bin fast gestorben, als du mit ihm verschwunden warst. Demeters Gesicht versteinerte.

Mutter, wann werdet ihr aufhören, euch in meine Geschichte einzumischen! rief Kore ungeduldig.

Deine Geschichte ist auch ein Teil unserer Geschichte, sagte Hekate. Und Gewalt können wir nicht dulden.

Das muß ich selbst bewältigen. Ich möchte nicht immer Mutter und Großmutter hinter mir haben...

Wir haben Erfahrung, diese Erfahrung kann dir nützlich sein, sagte Demeter.

Nein, Mutter, ich muß meine eigenen Erfahrungen machen. Misch dich nicht in mein Leben ein, und dramatisiere nicht immer alles.

Wäre es dir lieber, wenn sich deine Großmutter einmischt? Demeter lächelte.

Du meine Güte, bloß nicht! Kore hob die Hände und ließ sie wieder fallen.

Möchtest du Granatapfelsaft? fragte mich Hekate.

Großmutter, sie ist eine Freundin, sagte Kore.

Was ist mit dem Saft? fragte ich.

Kommt drauf an, was sie reintut, kicherte Kore. Mutter löst alles, indem sie mit ihren Freundinnen, den Elementen, den Tieren und den Pflanzen Konferenzen abhält, Großmutter löst alles mit Giften und Substanzen, die unterschiedlichste Wirkungen im Körper entfalten. Und beide wollen nicht verstehen, daß ich mein Leben ohne ihre Hilfe leben will.

Doch, wir verstehen dich schon, sagte Hekate und reichte Kore den Beutel. Aber warum willst du auf die Erfahrung anderer Frauen verzichten? Vor dir haben Frauen gelebt, nach dir werden Frauen leben, weibliche Erfahrung ist doch nur dann wertvoll, wenn sie eine Kontinuität ergibt, wenn jede Frau sich davon nähren kann.

Das leuchtete mir ein.

Ich mache das Essen, sagte Demeter.

Ich helfe dir, sagte Kore.

Ich wollte aufstehen.

Bleib hier, sagte Hekate. Ich habe ein Wörtchen mit dir zu reden.

Worüber? fragte ich.

Über die Gewalt, die Gemeinheit, die Hinterlist und die Zerstörungskraft der Frauen.

Ich kenne sie, sagte ich.

Du mußt dich nicht nur mit dem Potential in dir selbst beschäftigen, sondern auch lernen, es bei anderen Frauen zu erkennen und dich dagegen abzugrenzen.

Ja, ich weiß, sagte ich. Das ist aber nicht mein Hauptproblem.

Nein, sagte Hekate und lachte rauh. Das wird dich nur umbringen, wenn du dich nicht endlich dieser Kraft stellst. Sie hob mein Gesicht an, ich mußte in ihre Augen schauen. Ihre dunklen Augen wurden zu Seen, Schreie stiegen daraus hervor wie Luftblasen, giftige Dämpfe wehten zu mir herüber. Ich begann zu zittern, die Luft war erfüllt von einer Energie, die mir die Haare zu Berge stehen ließ. Haß. Blanker Haß. Überall begann es zu flüstern. Warum du, warum nicht ich. Du hast mich verraten. Du hast mir nicht geholfen. Du hast es besser als ich. Du bist privilegiert. Du wirst bevorzugt. Ich werde dich vernichten. So toll bist du nicht. Schau dich doch an. Lächerlich.

Ich hob die Hände.

Keine Bewegung kann das verändern, sagte Hekate. Das muß jede einzelne Frau selbst tun. Jede, jeden Tag, immer wieder neu.

Können wir uns denn nicht gegenseitig helfen und aufbauen? fragte ich.

Wenn dir das Spaß macht, sagte Hekate.

Hat dir Großmutter ihr Horrorkabinett schon gezeigt? fragte Kore, die einen Früchtekorb herbeibrachte.

Das schafft ihr nicht, sagte ich. Egal wie gemein und grausam Frauen sind...

Ja? sagte Kore.

Und? fragte Hekate.

Der Atem stockte mir. Egal wie gemein und grausam sie sind... Wie gemein und grausam sind Frauen? Waren Frauen? Soll ich jetzt im Zentrum der Göttinnenkraft Frauen den Krieg erklären? Niemals.

Egal wie grausam und gemein Frauen sind, sagte ich, es gibt einen guten Grund warum sie so geworden sind.

Dasselbe trifft auch auf Männer zu, sagte Kore.

Es gibt zu viele Männer, sagte ich. Niemand kann dieses Problem lösen. Was sollen sie in der Welt anfangen?

Es gibt auch zu viele Frauen, sagte Hekate. Und sie gebären Männer.

Es ist, wie es ist, sagte Demeter. Sie brachte einen Auflauf, der nach Fenchel und Kresse roch.

Es ist, wie es ist, und jede Frau muß sich täglich entscheiden, sagte Hekate.

Es gibt keine Strategie, sagte Kore.

Es gibt keine geklärte Situation, sagte Hekate. Jeden Augenblick wird die Welt geformt.

Frauen müssen Verantwortung übernehmen, sagte Demeter. Jeden Menschen genau betrachten.

Nicht alle über einen Kamm scheren, sagte Hekate.

Hunger, sagte Kore. Gerade wollte ich zu essen anfangen. Paß auf, was drin ist, kicherte Kore. Die Macht der Frauen ist die Zubereitung der Nahrung.

DIE GRAUE STUNDE
Im geheimen Garten der Kore

Vier Uhr morgens, die Stunde der wahren Empfindung, die Stunde des Todes auch. Die unbekannteste der vierundzwanzig Stunden. Die Stunde, in der alles schwerer wiegt, Ängste, Schuldgefühle, Schmerzen, Ausweglosigkeit. Um vier Uhr morgens sterben Kranke. Nachtschwärmer sind meistens gerade im Bett und Straßenkehrer noch nicht auf, die ZeitungsträgerInnen tragen Zeitungen fürs Frühstück aus. Vier Uhr morgens, die Stunde, in der Kores Wüstengarten seine Pforten öffnet.

Kein Windhauch, keine Wärme, keine spürbare Kälte. Im grauen Reich der Formlosigkeit wird die Phantasie zu Höchstleistungen angespornt. Das Hirn wirft Horrorgewebe, getränkt mit Realitätsanspruch, in den Raum. Reale Probleme werden zu Phobien aufgepumpt, das Energiefeld der Erde fällt in sich zusammen und schießt als destruktive Energie wieder hoch.

Hier entsteht die Vernichtung von Sinn, Schönheit, Freude, Glück. Denn hier zählt nichts. Nichts hat Wert. Gehst du um vier Uhr morgens spazieren, leidest du an Schmerzen, Schlaflosigkeit, Anfällen von Selbstzerstörung oder Wahnsinn, oder du bist bereits zur spirituellen ersten Hilfe, der Meditation übergelaufen. Denn vier Uhr morgens ist die Stunde der wahren Erkenntnis. Gewinnst du diese Stunde für dich, kann dich nichts mehr zerstören.

Die Kunst zu gestalten und zu rufen ist jetzt gefragt. Vier Uhr morgens – Erleuchtung, noch ehe der Tag anbricht.

In einer Art Zeitlosigkeit liegt im fahlen Licht der Neonröhren in tiefer Stille der Flur der gynäkologischen Abteilung des Krankenhauses. Ein grauer Fluß zwischen Zeit und Ewigkeit. Türen öffnen sich, graue Gestalten treiben aus ihrer Verankerung in den Jenseitsfluß, ziellos, schlaflos. Ich schlurfe dahin, halte die lange Narbe auf meinem Bauch und frage mich, ob es jemals fünf Uhr sein wird, Beginn des Krankenhausalltags, Schichtwechsel, leise Gespräche zwischen den Schwestern, Klappern, Klirren. Fünf Uhr – die Rettung. Aber die Zeit vergeht nicht. Es ist vier Uhr. Totenstille. Eine Tür öffnet sich. Aus dem Zimmer schiebt sich eine der Unterweltsgestalten, die wie ich nicht schlafen können. Wir polieren den Boden bis zur Sitzecke und lassen uns nieder.

Ich habe jedes Jahr eine Mammographie machen lassen, sagt sie. Jedes Jahr einen Krebsabstrich. Zwei Monate nach der Mammographie kam dann der Knoten. Krebs. Ein besonders aggressiver. Was soll aus meinen Kindern werden?

Das weiß ich auch nicht.

Was wird aus dir? frage ich.

Sie zuckt die Achseln.

Immer Rücksicht genommen. Ich wollte das Haus nicht. Mir wäre eine Mietwohnung genauso lieb gewesen. Wozu müssen wir ein Haus haben? Das war immer nur Ärger und Arbeit. Soviel Arbeit, all die Jahre. Mutti, du bist ungerecht, sagen meine Töchter. Dem Papa bedeutet das soviel. Ja, aber mir bedeutet es nichts. Zähle ich nicht?

Du zählst nur, wenn du dich selbst mitzählst, sage ich.

Ich wollte nach Hawaii. Das wäre mein Traum.

Fahr jetzt, sage ich.

Jetzt, sagt sie. Jetzt sterbe ich am Brustkrebs.

Nicht unbedingt, sage ich. Als mir klar war, daß ich

den Tumor im Bauch nicht kleinkriege und ihn operieren lassen muß, bin ich nach Paris zum Tanzen gefahren.

Ja, du, sagt sie.

So schnell stirbt keine, auch du nicht, sage ich. Nimm doch die Chance an und lebe, wie du immer wolltest.

Sie nickt. Es wird hell draußen. Vögel singen.

Für heute sind wir gerettet.

Vier Uhr morgens. Ich habe zwei Stunden geschlafen. Meine Augen sind rauh wie Sandpapier, die Lider schwer wie Blei. Ich schlurfe durch den Gang. Die Nachtschwester wirft mir im Vorbeigehen ein müdes Lächeln zu. In der Sitzecke sitzt die junge Tschechin mit ihrem Infusionsständer, ihrem Drainagebeutel gefüllt mit Blut, ihrem Urinbeutel.

Wie geht's? ruft sie freudestrahlend.

Ach ja, sage ich entmutigt von soviel Courage.

Sie hat drei Kinder, das jüngste gerade geboren, Kaiserschnitt, die Ärzte haben ein Stück von der Nachgeburt vergessen, Entzündung im Bauch, Drainage gelegt, den Darm verletzt, der mußte operiert werden, dann bekam sie eine Lungenentzündung.

Ich kann die Kleine nicht stillen, sagt sie traurig.

So sind Mütter, kratzen fast ab und sorgen sich um ihre Kinder.

Da kann ich dir leider auch nicht helfen, sage ich, und wir lachen beide.

Ich denke, hab' ich ein Glück, mein kindsgroßer Tumor bringt mir nur vier Wochen ein, ihr Kaiserschnitt bedeutet für sie lebenslänglich. Fast zucke ich vor diesem Gedanken zurück. Das ist Tabu. Ein Kind bedeutet Freude. Nicht lebenslänglich. Das darf nicht mal die frechste Frau denken. Warum eigentlich nicht? Sie schiebt ihren

Ständer zurück ins Privatzimmer, das man ihr gegeben hat, weil Fehler passiert sind. Ich gehe ins Klo, schließe die Tür fest zu und stöhne ein bißchen.

Warum muß es immer vier Uhr sein, wenn ich aufwache und nicht mehr liegen kann? Ich wälze mich schwer wie ein Seehund aus dem Bett, schlinge mein buntes afrikanisches Tuch um den vernähten Bauch und drehe die Runde der Grauen Stunde. Ich denke an den Witz: Ein langer Gang in einer Behörde. Eine Tür öffnet sich, ein Beamter kommt heraus. Auf der gegenüberliegenden Seite öffnet sich auch eine Tür. Sagt der eine Beamte zum anderen: Kannst du auch nicht schlafen? Das hilft mir bis zehn nach vier. Dann höre ich auf zu lachen. Auch weil dann die Narbe so weh tut.

In der Sitzecke raucht eine. Es ist die hier schon legendäre Verkäuferin, die ihren Mann durch einen Motorradunfall verloren hat. Ihre vierzehnjährige Tochter besucht sie jeden Tag und pflegt sie aufopfernd. Sie hat Brustkrebs, nach der Operation brachte sie eine Lungenentzündung fast um. Die Tochter, ein Phänomen, sagte die Schwester. Mit vierzehn Jahren ist die so erwachsen wie meine mit fünfundzwanzig nicht. Sie hat viel mitgemacht, sagt die Putzfrau, da bleibt man kein Kind. Man? Frau! Frauen machen viel mit und werden erwachsen. All diese Frauen hier haben auch Söhne, sie sind unsichtbar. Sie fürchten das Krankenhaus. Wissen nicht, was sie hier sollen. Die Mutter so schwach, das hält kein Junge aus.

Heute werde ich entlassen, sagt die Verkäuferin. Ich freu mich schon so auf meinen Diwan.

Das sagt meine Mutter auch immer.

Der geheime Garten der Kore drückt auf die Brust wie ein Alptraum. Da gibt es keine Farben, nicht mal der Diwan hat eine Farbe. Da gibt es kein Kinderlachen, denn die Kinder, die diesen Garten betreten, sind von Problemen niedergedrückt. Jedes Lächeln erfriert in dieser grauen Weite. Zeit und Raum verschwinden. Wenn du atmest, füllen sich die Lungen mit feuchter grauer Watte. Aber du erstickst nicht. Du hast nur keinen Mut mehr zu atmen. Du kannst keinen Schritt tun, weil unter den Füßen kein Boden mehr sichtbar ist.

Wenn du was durchsetzen willst, mußt du deinen Charme spielen lassen, sagt die siebzigjährige Patientin mit Gebärmutterhalskrebs.

Wenn du etwas durchsetzen willst, mußt du deinen Arm spielen lassen, sage ich und kämpfe gegen die weiche, feuchte Widerstandslosigkeit des Nichts. Zum Beispiel mal auf den Tisch hauen.

Ha, das ist gut, sagt die Verkäuferin. Auf den Ladentisch. Auf die Semmeln.

Das ist nicht schön für eine Frau, sagt die Ältere.

Was ist schon schön für eine Frau, sagt die Verkäuferin.

Da hast du auch wieder recht, sagt ihre Nachbarin. Totaloperation, das ist auch nichts Schönes.

Die Freundin meiner Tochter sagte: Das Schlimmste, was deiner Mutter passieren kann, ist, daß sie keine Kinder mehr kriegen kann, sage ich.

Wieso? Wie alt sind Sie denn? fragt die Verkäuferin.

Dreiundfünfzig, sage ich.

Wir lachen alle. Es ist fünf Uhr. Vorerst sind wir gerettet.

Wenn ich eine bessere Kindheit gehabt hätte...

In den Ausflügen zur Vergangenheit konstruieren wir die Gegenwart und bauen uns die Hindernisse, die wir dann nicht überwinden können. Aus dem Mangel in der Vergangenheit, aus den fehlenden Chancen, der Verzweiflung der früheren Tage destillieren wir den desolaten Zustand des Jetzt. Ging ja gar nicht anders. Da war nichts, da ist nichts, und da wird nichts sein. Kraftvoll führt die Chancenlosigkeit der Vergangenheit in die Aussichtslosigkeit der Zukunft. Das Mantra der Klage zementiert die Brücke von gestern ins Morgen. Und wenn es die Zeit nicht gibt? Wenn alles immer JETZT ist?

Nabila, die iranische Forscherin, die ich im Museum für anatolische Kulturen traf, entwarf mir den Unterweltsbegriff der frühen anatolischen Welt. Die Unterwelt ist die Erde. Gebieterin der Erde ist die Frau. Die Oberwelt ist der Himmel, das Körperlose, der Geist. Gebieter des Himmels und des Geistes ist der Mann. Die Frau ist die Nahrung, die Natur, das Pflanzenwachstum. Die Frau hütet das Wachsen und Vergehen, die Nachkommen, die Tiere. Die Frau gebietet über Wasser, Feuer und Erde, hütet die Lust. Der Mann befruchtet.

Geht die Frau in die Unterwelt, so geht sie in ihr Reich, das sie stets neu gestaltet und immer wieder neu definiert. Ihr Reich ist die Materie, die Form der Materie, die sichtbare, greifbare Natur. Geht sie in die Unterwelt, so konfrontiert sie sich mit Wachsen, Blühen, Verdorren und

Vergehen. Mit Geburt und Tod. Mit Ekstase und Schmerz. Die Hüterin der Unterwelt lebt in den Höhlen des Seins, brütet neue Form und Gestalt aus, und alles geschieht immer JETZT.

Wenn sie in die „Unterwelt verschleppt wird", wie uns griechische und römische Mythen von Kore, Persephone, Proserpina erzählen, wie der Mythos von Innana und Ereshkigal berichtet, so bedeutet das auch, daß sie die sexuelle Begegnung mit einem Mann entdeckt und den Schmerz der Geburt und des Todes durchlebt. Wo keine „Unterwelt" ist, keine Gestalt, keine Form, keine Materie, gibt es keinen Schmerz, keine Lust, kein Wachsen, Blühen und Sterben. Denn in der Oberwelt ist alles Geist. Die Oberwelt kennt nur den Hauch, die Ahnung, die Inspiration. Was aber ist die Inspiration ohne die Form? Was ist der Hauch der Oberwelt ohne die Verkörperung der Unterwelt, was ist die Ahnung ohne Materialisierung.

Es geht nicht darum, die Zuständigkeiten zwischen Männern und Frauen neu zu verteilen oder gar die Berechtigung der Frauen in dieser Welt zu beweisen und zu untermauern. Und es geht auch für uns Frauen nicht darum, uns zu beschweren, wie kaputt die Welt ist und wie wenig wir zu dieser Zerstörung beigetragen haben.

Im Lauf der letzten Jahre wurden in dem Viertel, in dem ich lebe, vier Mobilfunkantennen aufgestellt. Ich befinde mich praktisch im Strahlenfeld dieser Antennen. Ich, die vielleicht einzige Person in diesem Viertel, die kein mobiles Telefon besitzt. Selbstmitleid wallte auf in mir. Das ist doch ungerecht, ich schütze die Natur, ich achte auf Feinwahrnehmung, überall, immer, und gerade ich werde bombardiert mit diesen Strahlen.

Na und? sagte eine feine Stimme in mir. Wenn du das nicht aushältst, dann mußt du eben untergehen.

Ich erstarrte. Ich soll untergehen? Und die Zerstörer sollen leben? Ich trenne den Müll, die Zerstörer werfen dreitausend Bomben und verseuchen die Erde für die nächsten hundert Jahre. Ich bemühe mich um Kommunikation mit allen Wesen, die Zerstörer asphaltieren das Gesicht der Erde zur grauen Fläche und bedröhnen alle Ohren mit technischem Lärm. Ungerecht. Gemein.

So ist es, kam die feine Stimme wieder. Wenn du zu schwach bist für diese Welt, für diese Zeit, dann mußt du aussteigen aus dem Gewebe der Welt. Aus der Unterwelt. Aus den Dingen des Lebens. Laß dir was einfallen?

Genau. Ich lasse mir was einfallen, es ist immer etwas anderes. Mal lache ich über alles, dann wieder fliehe ich in einsame Gegenden, wo ich den Himmel herunterhole in die Unterwelt und die Göttinnen mit mir tanzen.

Dann wieder fällt mir absolut nichts ein. Denn es gibt keine lineare Entwicklung. Es gibt nicht einen Prozeß, der gelaufen ist, sobald du ihn gemacht, begriffen, verarbeitet hast. Vielmehr kommt das gleiche Thema auf andere Art wieder. Überraschung. Habe ich das nicht schon verarbeitet? Wie habe ich das gemacht? Keine Ahnung.

Alles fängt immer wieder von vorne an. Nichts ist geregelt. Das ist die Entdeckung der Gegenwart. Keine frühere Erfahrung ist eine Garantie für das, was heute geschieht. Kein erlittener Schmerz schiebt den zu erleidenden Schmerz beiseite. Kein hartes Schicksal gibt einen Freibrief für zukünftige Leichtigkeit. Gutschein für einen Glückstag? Den kannst du dir nur selbst ausstellen. Und er gilt immer nur jetzt. Die Zukunftssicherung ist einer der Treppenwitze der menschlichen Gesellschaft. Während du absteigst, merkst du, daß das Treppenhaus gar nicht existiert, auf das du dich so verlassen hast.

Ich saß in einem Zug. Der Verlauf des Tages schien geklärt, es gab nichts Mysteriöses an dieser Zugfahrt, an der Gegend oder der Zeit, zu der die Zugfahrt stattfand. Es war einfach eine Zugfahrt durchs Allgäu. Natürlich könnte ich jetzt sagen, die Allgäuer argumentierten gern, daß „All" vom Weltall, vom Universum kommt und daß ihre Gegend mit dem Weltall, dem Universum verbunden ist und mythische Bedeutung hat. Es gibt ja auch genügend Zeichen und Wunder aus dieser Gegend zu vermelden, HeilerInnen und Kräuterkundige leben da, EinsiedlerInnen und weise Menschen aller Art.

In diesem Allgäu also blieb der Zug auf freier Strecke stehen. Wie das bei der Bahn gern so gehandhabt wird, erfuhren wir Reisenden nicht, warum der Zug anhielt oder was da los war. Zuerst gingen alle ihren Beschäftigungen nach, lasen, aßen Bananen und Äpfel, unterhielten sich, manche rauchten, andere hörten Musik aus CD und Walkman. Als wir gut eine halbe Stunde kommentarlos herumstanden, wurden einige ungeduldig und fingen an, sich zu beschweren. Draußen ist es eiskalt, und die Heizung geht nicht mehr. Das ist doch allerhand, man wartet, kein Mensch sagt einem was. Und dann kamen die Argumente, die begründen, warum der Zug jetzt auf jeden Fall und ohne jeden Zweifel weiterfahren *muß*: Ich muß um fünf am Bahnhof soundso sein, weil ich da abgeholt werde. Ich habe einen Termin. Ich darf auf keinen Fall mein Flugzeug verpassen, usw.

Die Argumente wirkten auf mich wie der Versuch, den Zug zu überzeugen, gegen jede Logik eines Schadens seien die Gründe der Reisenden so mächtig, daß sie den Zug in Gang setzen *mußten*.

Ich dachte an eine Reise durch Tibet. Wir bekamen keine Weiterreisegenehmigung und saßen im vermutlich schrecklichsten Ort Tibets ohne Aussicht auf Erlösung fest. Eine Frau flippte aus und schrie: Ich habe diese Reise mit der Garantie gebucht, daß wir den Kailash umrunden.

Garantie und Sicherheit? Ich habe dieses Leben mit der Garantie begonnen, daß die Menschenrechte eingehalten werden, daß ich immer genug zu essen, eine Wohnung und menschenwürdige Lebensbedingungen haben werde? Wie viele Menschen werden sich das schon gedacht haben, wenn sie vertrieben, mißhandelt, gehetzt, gefoltert, verletzt ihre Welt aufgeben müssen und nicht wissen, wo sie landen werden?

Als der Tumor in meinem Bauch wuchs, dachte ich auch kurz, wie völlig absurd es doch ist, daß ausgerechnet ich, die Freundin aller Göttinnen, die Verkörperung von Frechheit, Freiheit und Lebenslust, einen Tumor im Bauch haben soll. Ich dachte: Das ist doch nicht gerecht! Ich erwachte aus der Narkose, fühlte die Klammern vom Venushügel über den Nabel bis zum Magen und dachte: Mein schöner Bauch. Aufgeschlitzt und traumatisiert. Wie gemein.

Und dann dachte ich: Na ja, so ist das Leben. Shit happens. Deine Energie hat diesen Tumor genährt, die Schulmedizin hat dir geholfen, das Problem zu lösen, jetzt stell dich dieser Situation. Nichts ist geklärt. Es gibt keine Garantie für weise Frauen, unverletzt zu bleiben. Die weise Frau geht einfach mit der Verletzung anders um. Vielleicht bin ich keine weise Frau?

Die Gegenwart bringt es an den Tag. Meine Gegenwart ist die Lebendigkeit aller Impulse, die Phantasie meines Körpers, der Mutterwitz meines Hirns und das Lachen gegen jede Vernunft. Ja. Jetzt passiert es. Mir. Und ich stelle mich. Aber wie? Die Erfindung der Gegenwart ist die Versöhnung mit allem, was schon immer geschehen ist und deshalb in der Imagination immer geschieht, ist die übermütige Auseinandersetzung mit den schöpferischen Kräften meines Universums, ist die Magie des Jetzt.

Wenn ich es jetzt nicht aushalte, nützt es mir nichts, daß ich einmal alles Mögliche ausgehalten habe. Wenn ich mich jetzt mit den Kräften nicht versöhnen kann, die auf mich einwirken, bringt es mir gar nichts, daß ich das mal konnte. Wenn ich nicht jetzt voll da bin, ganz bei Sinnen und mutig in meiner Erfindungskraft, dann zählt nichts, was ich einmal gestaltet, gewußt, ausprobiert, gewagt habe. Denn jetzt ist der Beweis für alles.

Was nützt es mir, wenn ich vor dreitausend Jahren Kybele persönlich war? Jetzt muß ich ihre Kraft leben können, sonst existiert sie nicht. Was hilft mir die Erkenntnis, daß der Körper alles selbst heilen kann, wenn ich diese Kräfte nicht beleben, fördern, herauslocken und anwenden kann? Ich bin eine weise Frau? Wann war ich das? Wenn ich's jetzt nicht bin, bricht die Unterwelt unter meinen Füßen weg, und ich taumele ins Nichts, denn nur die Gegenwart stabilisiert den Grund unter meinen Füßen, die Impulse in meinem Hirn, die Bilder in meiner Imagination.

Indem ich die Gegenwart er-finde, wiederfinde, belebe und lebe, gebe ich den gelebten Erfahrungen Sinn und der Zukunft Gestalt. Denn alles ist jetzt. Oder nie.

Zurück zum Zug, der nicht weiterfuhr. Die kalte Schneelandschaft draußen wurde in überirdisch schönes rotes Licht getaucht, als die Sonne sich anschickte unterzugehen. Die meisten Reisenden verließen den Zug und bestaunten den Sonnenuntergang. Mittlerweile hatten wir vom Schaffner erfahren, daß eine Tür eingefroren war, solange die Tür sich nicht schließen ließ, konnte der Zug nicht weiterfahren.

Einige Männer begannen zu fachsimpeln, wie man die Tür schließen könnte, sie begutachteten die Tür, diskutierten mit dem Zugpersonal. Einige Frauen begannen sich miteinander zu befreunden, ihre Lebensgeschichten und schließlich auch Adressen und Telefonnummern auszutauschen. So wurde aus der ehemaligen, nicht eingelösten Zukunft eine selbst geschaffene Gegenwart, die mehr Gewicht hatte als alle Pläne und Termine.

Es geht im Leben so dahin. Hier bist du nervös, dort fällt dir was runter. Hier wirst du über den Tisch gezogen, dort wirst du angelogen. Hier arbeitest du und kommst nicht an dein Geld, dort läßt du dich auf eine Beziehung ein und stellst fest, daß Lüge und Betrug die treibenden Kräfte sind. Dann zappst du durch die Fernsehprogramme und bist irritiert – nichts als Gewalt, perverse Phantasien, Männer schüchtern Frauen, Männer, Kinder ein, ziehen Pistolen/Gewehre, kidnappen jemanden, schießen jemanden über den Haufen, schreien mit irrem Blick herum. Na ja. Ist ja nur Fernsehen.

Tage, Wochen, Jahre gehen ins Land. Und plötzlich ist der Augenblick der Wahrheit gekommen. Du weißt: Mag sein, daß alles ist wie immer. Aber ich bin nicht wie immer. Ich halte das nicht mehr aus. Eine Lüge zuviel. Ein blödes Lachen, eine unbedachte Bemerkung, und es macht Klick. Es paßt nichts mehr rein in den Hirnkasten. Zuviel Scheiß ist da gelandet, zu oft hast du gelächelt oder die Schultern gezuckt und hast dich nicht mal aufgeregt. So ist das Leben. Aber jetzt nicht. Jetzt ist das Leben nicht so, sondern ganz anders.

Etwas in dir hat sich gedreht. Du willst es nicht mehr hören und sehen. Du fragst dich: Warum soll ich erwachsene Kinder füttern und versorgen? Warum soll ich meiner Freundin zum hundertsten Mal zuhören, wie sie von ihrem schwachsinnigen Freund erzählt? Warum soll ich mir das tausendste rosa T-Shirt, die x-ten Schuhe, den vierundvierzigtausendsten Latte Macchiato kaufen? Drei Euro zwanzig. Lächerlich.

Was ist das eigentlich für eine Welt? Du siehst dich um. Da hetzen Leute zur Arbeit. Du hast sie schon oft gesehen. Es ist dir gelegentlich aufgefallen, daß sie verkrampft aussehen? Na und? Man kann sich nicht um jeden Gesichtsausdruck kümmern. Die Frau da, wie sie immer ihren kleinen Hund zu sich herzieht, wenn jemand was zu ihr sagt oder ein großer Hund daherkommt. Und wieso muß die Bäckerin eigentlich jeden Tag sagen: Schönen Tag noch!

Du siehst die Reklame der Bahn und möchtest schreien. Früher waren unsere Tarife so kompliziert... Und heute? Heute muß man ein kompletter Volltrottel sein, um nicht zu kapieren, daß es einfach nur darum geht, mehr Geld abzuzocken, egal wie? Oder die Versicherungen, wie sie schmeicheln und gurren. Was wollen die wohl? Daß ich im Alter abgesichert bin? Haha.

Dann siehst du an der Bushaltestelle eine halbnackte Frau überlebensgroß in einem Glaskasten für irgendeine Kleiderfirma werben. Und du fragst dich: Bin ich heute so schlecht drauf, oder sehe nur ich das, oder sind alle schon so gehirngewaschen, daß sie überhaupt nichts mehr wahrnehmen?

Wie kann man fragen, ob dargestellte Gewalt Gewalt in Jugendlichen auslöst? Wenn sie jeden Tag stundenlang Gewalt auf dem Bildschirm sehen, wenn sie sehen, wie Frauen behandelt werden, und ihnen praktisch suggeriert wird, so geht man mit Frauen um, und Gewalt ist ein ganz alltägliches Mittel, denn täglich wird sie serviert, dann wird wohl Gewalt nichts allzu Fremdes sein, wenn's mal drauf ankommt bei einem Streit. Der Beweis? Die tägliche Gewalt. Eigentlich will ich gar nichts beweisen, sondern über diesen Augenblick sprechen, in dem alle Gelassen-heit, alle spirituelle Heiterkeit, alle Weltentrücktheit ab-fällt, diesen Augenblick der Wahrheit.

Es ist – nein, sag's nicht, es stimmt nicht, sagt meine Freundin B. Es hat überhaupt nichts damit zu tun.

Warum denn nicht? frage ich. Was ist denn daran schlimm?

Einfach so, weil es ganz was anderes ist.

Okay. Ich warte. Ich treffe mich mit meiner Freundin A. Sie beklagt sich über die Oberflächlichkeit der Frauen und daß ich auf dem Holzweg bin mit meinem Feminis-mus, denn Frauen sind mindestens so blöd wie Männer.

Es gibt blöde Männer und blöde Frauen. Und es gibt nette Männer und nette Frauen, sage ich geduldig. Aber blöde Frauen sind nicht ganz so bedrohlich wie blöde Männer. Und die brachiale Gewalt, die täglich auf Polizei-revieren angezeigt wird, geht fast immer von Männern aus. Auch ohne jede feministische Theorie fühle ich mich total entspannt, wenn ich nachts einer Frau begegne, und bin im Gegensatz auf der Hut, wenn mir ein Mann ent-gegenkommt.

Männer kommen mir entgegen, Frauen fallen mir in den Rücken, sagt sie feindselig.

Hat das mit...

Nein, sag's nicht, sagt sie. Es hat überhaupt nichts damit zu tun.

Wechseljahre, sage ich. Warum darf man das Wort Wechseljahre in Gegenwart von Frauen, die garantiert in den Wechseljahren sind, eigentlich nie aussprechen?

Meine Ungeduld, meine Unlust, mich noch länger mit verlogenen, langweiligen, hektischen, geschwätzigen Men-schen zu beschäftigen, ist mein Augenblick der Wahrheit: Wechseljahre.

Blödsinn, sagt sie, drei Jahre älter.

Schau mal, sage ich, man hört alles immer und immer wieder, und dann gibt es plötzlich eine Veränderung im Hormonhaushalt, der Weichspüler bleibt aus irgendeinem Grund aus. Plötzlich ist es wie in dem Film „Matrix". Ohne diesen Weichspüler ist die Straße etwas dreckiger, das Geplapper nicht mehr lustig, sondern einfach nur noch unerträglich... Die Realität schrumpft auf das schroffe Gerüst zusammen, das halt da ist. Es ist brutal, aber wahr. Die Magie setzt erst später wieder ein. Da war der Augenblick der Wahrheit, der Erkenntnis schon am Werk.

Es hat was mit Alter und Weisheit zu tun, sagt sie weise.

Quatsch, sage ich. Es ist ein chemischer Prozeß, genau wie das Glück. Ich spüre es. Es gibt keinen Grund, warum ich vor einem Jahr gelassen auf diese Reklame schaute und jetzt sage: Das ist rassistisch und unerträglich.

Und weißt du was? Ich rege mich auf und höre die alten Frauen um mich herum und die aus meiner Jugend, wie sie schimpften und sagten, was wir alles falsch machten, und Falschparker fertigmachten, weil sie in diesem hübschen Halteverbot stehen. Es sind die Frauen in den Wechseljahren, die die Widersprüche nicht mehr ertragen, die keine Lust mehr haben, sich zurückzuhalten. Denen es auch egal ist, ob sie sich beliebt machen oder nicht. Denn der Augenblick der Wahrheit ist der Augenblick der Freiheit. Sollen die anderen denken, du bist 'ne blöde Alte. Du bist 'ne blöde Alte. Paßt doch alles.

Ich bin keine blöde Alte, sagt A.

Aber du bist doch in den Wechseljahren, sage ich.

Ich bin schon durch, sagt sie.

Eben, sag' ich doch, sage ich. Die Welt ist anders, wenn du diese Schwelle überschritten hast.

Du bereitest dich auf den Tod vor, sagt A. düster. Was anderes bleibt dir ja gar nicht mehr.

Wieso? Heute sterben mehr junge Menschen als Alte. Die Alten sterben ja nicht, sage ich. Die Frage ist nicht, ob wir sterben oder nicht, sondern wie wir leben. Gibt es etwa kein differenziertes Leben nach den Wechseljahren? Du wirst so alt, wie du jung warst. Wenn du über den Augenblick der Wahrheit weggekommen bist, tut sich eine neue Ebene auf. Erkenntnis ohne Handlungshektik, Wahrnehmung ohne Aktionsstress. Und dann kommt die Magie, die braucht den Augenblick der Wahrheit, um auf-blühen zu können. Die Magie der weisen Alten!

Ist es so?

Ich bin einfach deprimiert, sagt B.

Ich könnte dreimal am Tag ins Kino gehen, sagt N.

Dazu komme ich gar nicht, ich habe mal wieder zwei Jobs gleichzeitig, sagt C., die älteste von uns.

Ich muß endlich was für meinen Körper tun, sagt K. Aber wann?

Ich bin müde, sagt T.

Ich habe Angst vor der Einsamkeit und dem Verges-senwerden, sagt S.

Ich möchte gern in einer Gemeinschaft mit anderen leben, sagt R.

Und ich möchte gern endlich in Rente gehen, sagt E. Dann ziehe ich nach Niederbayern und kratze ein biß-chen im Garten herum.

Ich habe Panikattacken, sagt B. Was soll ich machen, ich wache nachts auf und könnte schreien vor Angst.

Angst wovor?

Das baut sich auf, ich weiß es nicht, einfach Angst. Schrecken. Existenzangst.

Schreib's auf und schlaf wieder ein.

So einfach ist es nicht, das ist wie ein chemischer Vorgang im Körper.

Setz dem was entgegen, tanze, banne es.

Die Magie der weisen Alten bekommst du nicht geschenkt. Sie wartet hinter dem Augenblick, in dem du sagst: Diese Welt ist ja unerträglich. Gestalte sie! Was versteckst du dich hinter deinen Hitzewallungen, deiner Müdigkeit, deiner Genervtheit.

Genervt sein ist keine Kunst, das können schon Zwanzigjährige. Aber beherzt ohne die Hilfestellung der Östrogene, ohne Schmelz der Jugend, ohne Begeisterung des Aufbruchs dem Augenblick der Wahrheit ins Auge blicken und daraus die Magie locken – das können nur weise alte Frauen.

WIE KOMMEN DIE SCHMETTERLINGE
IN DEN KOPF DER FALSCHEN SCHLANGE?

Es ist unerheblich, ob dir der fundamentalistische Dress-Code mit einem Dirndlkleid den Busen liftet oder einen Schleier über die Ohren zieht, ob du deinen Sari mit den Zähnen festhalten mußt, damit der Wind deinen Kopf nicht entblößt, oder ob du auf zehn Zentimeter hohen Röhren balancierst, damit dein Marktwert nicht sinkt. Egal ob dein Vorgesetzter Allah, Gott, Jahve, Shiva oder Tonkashila ist, ob Jesus, Buddha oder Mohammed ihre Geburtstage in deinen Terminkalender gebrannt haben – du wurdest frei in diese Welt geboren. Kein Mann kann dein Meister sein, denn du bist eine Frau, und er ist immer nur ein Mann.

Mal ehrlich, was weiß er schon von dir? Was weiß selbst der Mann, der dich am besten kennt, von deinen geheimen Wünschen, Ängsten, Sehnsüchten, von deiner Wut, deinen Verletzungen, deinen verborgenen Plänen und Träumen – mit anderen Worten, von deinen Schmetterlingen im Kopf?

Schmetterlinge gehen durch eine Metamorphose. Wenn sie verpuppt sind, sehen sie nach nichts aus, ziehen keine Blicke auf sich. Das liegt in der Natur der Sache. Niemand soll die Puppe wahrnehmen. So ist sie geschützt und wird in der Zeit ihrer größten Gefährdung nicht bemerkt. Schmetterlinge fallen erst richtig auf, wenn sie fliegen können und atemberaubend schön sind. Das ist allerdings die letzte Phase, und dann bleibt nicht mehr viel Zeit, bis der Spaß vorbei ist.

Es kann lebensrettend sein, die Schmetterlinge im Kopf zu verbergen, die Ideen, Pläne, die Träume, die Wunder, die sich manifestieren sollen. Zu früh preisgegeben können sie an der grausamen Luft der Konkurrenz, an Hohn, Spott, Neid, Mißgunst, Eifersucht und Haß verenden. So hüten die Frauen ihre Schmetterlinge in unauffälligen Verpuppungen, träumen von den Dingen, die sie tun wollen, tun würden, wenn...

Solange du nicht entdeckt bist, brauchst du keine Kraft, um dich zu schützen, mußt du dich nicht gegen die Wertungen der Außenwelt verteidigen. Andererseits kann auch der vorsichtigste Schmetterling nicht ewig verpuppt bleiben. Auch die angepaßteste Frau kann nicht ewig in Sack und Schleier leben. Schmetterlinge leben davon, einmal frei fliegen zu können. Ideen und Träume leben davon, in die Wirklichkeit entlassen zu werden. Warum glaubst du, daß die Schönheit deiner Träume jemanden bedrohen könnte? Warum glaubst du, männerfeindlich zu sein, wenn du deine Träume verwirklichst? Warum hast du Angst, einen Mann anzugreifen, wenn du deinen Raum einnimmst? Das kann doch nur dann so sein, wenn er in deinem Raum lebt und deine Energien konsumiert.

Zu lange im Schutz zu verharren, bedeutet, sich der Gefangenschaft auszuliefern. Schutz schlägt ins Gegenteil, in Bedrohung um, wenn er zu lange angewendet wird. Wer sich mit vielen Schlössern im Haus einsperrt, ist irgendwann darin gefangen. Wer zu lange Gefühle und Sehnsüchte im Kopf parkt, statt etwas davon zu wagen, erstickt daran. Die Entpuppung ist ein sensibler Augenblick und geht auch bei Schmetterlingen gelegentlich schief. Wenn genug Nahrung zu genug Lebensfähigkeit geführt hat und die Kraft am größten ist, muß die Verpuppung geknackt werden.

Frauen verharren oft genau in diesem Augenblick. Hab' ich genug Kraft? Das schaff' ich nicht. Das geht nie gut. Das halt' ich nicht durch. Wie soll ich das finanzieren? Und wie bei allen Übergängen, allen Grenzüberschreitungen ist der Augenblick des Übertritts der gefährlichste. Kaum ist der Schmetterling geschlüpft, wartet schon ein Schmetterlingssammler, um ihn aufzuspießen.

Sicherheit gibt es in diesem Prozeß nicht. Es gibt aber die Notwendigkeit, ans Licht, an die Luft, in die Freiheit zu gelangen, sich von Zwängen und fremden Befehlen zu befreien und das Eigene zu finden. Beherzt das Leben zu wagen.

Eine Frau, die sich entpuppen, zu ihrer eigenen Schönheit und Leichtigkeit finden will, stößt schnell an ein paar Klischees, die vor allem deshalb so schwer zu knacken sind, weil sie von Frauen weitergetragen und jungen Frauen von älteren Frauen unter die Haut gepreßt werden.

Bleiben wir in der Tierwelt und sehen wir uns die falsche Schlange an. Wie kommt es, daß ein phantastisches Tier, das sich häuten kann und doch nicht stirbt, das in vielen Kulturen der Welt, etwa bei den Maya und Azteken Südamerikas, bei den Ewe, Fon, Yoruba und Ibo Westafrikas, bei den Hindus in Indien als heilig und erhaben verehrt wird, in der christlichen Mythologie derart schlecht wegkommt, daß es für das Böse steht und die Verkommenheit (der Frau) symbolisiert?

Dazu müssen wir die christliche Schöpfungsgeschichte genauer betrachten, die ja, obwohl sie historisch und archäologisch nicht haltbar ist und obwohl es mittlerweile Gesetze gegen die Diffamierung und Verleumdung von Frauen gibt, immer noch verkündet wird. Der Teil, der mich gerade am meisten interessiert, ist der: Ein Mann und eine Frau sitzen nackt in einem Paradiesgarten. Eine Schlange holt einen Apfel vom Baum und gibt ihn der Frau. So weit so interessant. Denn der Baum ist der Baum der Erkenntnis, nicht ich behaupte das, die Geschichte wird so erzählt.

Das findet der Boss des Paradieses, Gott, überhaupt nicht lustig. Erkenntnis steht diesem Gemüse nicht zu. Anscheinend wollte er sich mit den tapsigen Versuchen der Menschen, mit der Wirklichkeit zurechtzukommen, einen lustigen Lenz machen. Aber jetzt geht die Frau her und reicht dem Mann den Apfel der Erkenntnis. Man könnte ja denken, das sei ein feministischer Mythos: Selbst die Rippe des Mannes, auf rätselhafte Weise zur Frau geworden – hm, Gebärneid? –, ist klüger und bewußter als der Mann selbst. Er beißt rein und merkt, daß er nackt ist. Das wäre ihm vielleicht auch ohne Apfel irgendwann aufgefallen. Spielt auch nicht die große Rolle. Was sehr wohl eine Rolle spielt, ist die Tatsache, daß seit diesem kleinen Zwischenfall nicht etwa der Mann als Vollidiot geschildert wird, sondern die Schlange als das Böse und die Frau als die Vollstreckerin des Bösen, nämlich der Erkenntnis.

Daß Wissen und Erkenntnis böse sind, hat mit dem amerikanischen Präsidenten Bush wieder Konjunktur, aber Tatsache ist auch, daß das Christentum mit dieser abstrusen Geschichte Stimmung gegen Schlangen und Frauen macht. Die falsche Schlange ist immer die Frau. Eine männliche falsche Schlange ist mir in der Literatur oder in Zeitungs- und Zeitschriftentexten noch nicht untergekommen, und ich lebe ja auch schon ein paar Jahre. Die „falsche Schlange" bringt die Wahrheit, die „falsche Frau" versucht auch noch, die Wahrheit an den Mann zu bringen. Der will aber Dienstleistung, nicht Erkenntnis. Folglich bringt die Geschichte nun zweierlei Frauen hervor, die einen, die Dienste zu leisten bereit sind, die anderen, die sich dem widersetzen und etwas Eigenes entwickeln wollen.

Wie soll eine Frau, die nichts anderes sein darf als Zulieferin von Energie und Ideen, ihre Schmetterlinge im Kopf nähren? Wie soll sie sie fliegen lassen? Wie soll sie sich je sicher fühlen, wenn die Struktur, in der sie lebt, ihre Schmetterlinge gar nicht sehen will (und irgendwann vielleicht als „Produkte einer frustrierten Hausfrau", als „mit der Vagina geschrieben", als „Beschäftigungstherapie" diffamiert)? Die Herabsetzung der Frau hängt nicht mehr vom religiösen Zusammenhang ab, sondern hat sich verselbständigt, hundertfach von schadenfrohen Männern kolportiert, tausendfach von Intellektuellen und geistig Unterernährten wiedergekäut.

Das Mittel der Unterdrückten war schon immer die Intrige, Mobbing, heimliches Streuen von Gerüchten, die Vernichtung aus dem Verborgenen. Was gerufen wird, kommt: Die falsche Schlange, die es gar nicht gibt, entsteht in der Wirklichkeit. Sie intrigiert, häutet sich, zieht sich raus, schlängelt davon, intrigiert wieder, häutet sich wieder. Die Schmetterlinge im Kopf ersticken.

Da hat es die Krampfhenne leichter, schon weil sie in der Bibel nicht vorkommt. Die Krampfhenne ist eine bayerische Erfindung und eine nicht minder herabsetzende Diffamierung der Frau wie die falsche Schlange. Was die Krampfhenne mit der falschen Schlange gemeinsam hat: Beide bringen das Ei hervor, das in der Mythologie praktisch aller Völker das Vollkommene ist, den Weltraum, das Universum verkörpert und somit mythische Substanz aller spirituellen Konzepte darstellt. Das Schlangenei wird schnell zur Schlangenbrut, denn so falsch wie die Schlangenmutter wird auch ihr Nachwuchs, das ist ja klar. Die Krampfhenne dagegen versprüht kein Gift, sondern regt sich auf, gackert, schreit rum und stört alle. Sie wirkt nicht im Verborgenen, sondern plustert sich auf, mischt überall mit und nervt. Sie ist ein Ärgernis, ein Hindernis. Die Krampfhenne wird gern zur Herabsetzung menopausierender Frauen verwendet: Da regt sich eine auf, die sonst keine Macht und keinen Einfluß hat, eine hysterische Krampfhenne eben.

Die Klischees zur Diffamierung der Frauen mögen brüchig sein, aber sie existieren noch, werden immer noch zur Spaltung der Frauen eingesetzt und schaffen es immer noch, die weibliche Welt in gute und schlechte Frauen, in Kumpel, Blaustrümpfe, Luder und Mütter einzuteilen.

Wenn du deine Schmetterlinge im Kopf freilassen willst, suche die falschen Schlangen und Krampfhennen und lerne von ihnen. Von den Schlangen wirst du Erkenntnisse erfahren, die du sonst nirgendwo holen kannst, nicht immer bequem, immer aber wertvoll, und von den Krampfhennen lernst du, wie man es aushält, lästig zu sein, gehört zu werden und dadurch irgendwann das zu erreichen, was für dich wichtig ist.

Beides brauchst du für den richtigen Augenblick der Entpuppung deiner Schmetterlinge im Kopf. Denn du kannst sie ein Leben lang nähren und träumen – wenn du sie nie fliegen läßt, bleiben sie gefangen und können ihre schillernde Wirkung nicht zur Veränderung der Welt einsetzen.

Ritual für die Junge, die Mutter und die weise Alte

Die ganze Kraft des weiblichen Universums ist bereits in der jungen Frau angelegt und wartet darauf, entdeckt, gefördert und gelebt zu werden. Es stimmt nicht, daß eine Frau warten muß, bis sie alt genug, also alt ist, um ihre Weisheit zu leben. Ich habe mindestens so viele weise junge Frauen erlebt, wie ich dumme alte Frauen getroffen habe. Weisheit ist kein Privileg des Alters. Was bedeutet der Begriff „weise Alte" überhaupt? Er meint weder das Alter in Jahren noch die Weisheit, die durch den Schliff des Lebens entsteht, durch Enttäuschungen, Erfahrungen, Niederlagen oder Wiederholungen von Schmerz. Die Weisheit der weisen Alten ist universelle Weisheit, der Zugang zu allen Impulsen im All, das uneingeschränkte Reisen zwischen Zeiten und Welten. Und wissen wir nicht alle, daß gerade diese Qualität von Kindern spontan und frei gelebt wird, während es im Lauf des Lebens immer schwerer wird, sie zu bewahren und zu erfahren?

Die Magie der weisen Alten liegt auch nicht, wie es oft den Anschein hat, im Einfangen entlaufener Liebhaber, im Mischen von Liebestränken oder Heilsubstanzen, im Errechnen der zukünftigen Chancen oder in Beratungen für orientierungslose Menschen. Die Magie der weisen Alten hat eigentlich mit Nutzbarkeit, mit Nützlichkeit gar nichts zu tun. Sie webt das Schwebende mit dem Möglichen, das Unmögliche mit dem Gewesenen zusammen, sie setzt neue Orientierungspunkte, spielt mit sichtbaren und unsichtbaren Bausteinen des Universums, kümmert sich nicht um Wahrscheinlichkeit, errichtet Welten aus Wolken und zerlegt Materie durch die subversive Kraft des Nicht-Glaubens. Sie entzieht sich jeder Beurteilung, läßt sich nicht mit der Sklavennahrung des Lobs füttern und von Häme oder Kritik vernichten. Da sie ihre eigene Größe hat, wird sie von nichts und niemandem größer oder kleiner gemacht und kümmert sich nicht um Maßstäbe oder Vergleiche. Ist sie entdeckt, verschwindet sie spurlos, wird sie vergessen, taucht sie mächtig wieder auf. Ihre Kraft bleibt, weil spielerisch, unverletzt. Niemandem beweist sie etwas, denn es gibt keine Autorität, der sie eine Wahrheit schuldet.

Die weise Alte ist durchlässig wie ein Nebelfeld, süß wie wilder Honig, bitter wie die frischen Blätter der Artemisia. Wer sie ergreifen will, hält sich selbst fest. Wer sie mit scharfen Messern angreift, schneidet sich ins eigene Fleisch. Als weise Alte geboren, hat jede Frau alles Wissen in sich. Die Ordnung der Welt wurde aber errichtet, um die Weisheit der Uralten zu brechen. Um sie wiederzufinden, muß eine Frau sowohl aus der Ordnung der Welt aussteigen als auch diese Ordnung leben und in ihr surfen wie der Wellenreiter auf der Welle.

Alle Annehmlichkeiten und alle Gefahren dieser Zeit zu kennen, mit ihnen umzugehen, sie zu nutzen, zu verwerfen, zu entschärfen, mit ihnen zu spielen und sie nach Belieben zu gebrauchen oder nicht, ist die Weisheit der Alten.

Das Ritual der Jungen, der Mutter und der weisen Alten webt alle Kräfte der Frauen zu einem magischen Gewebe. Jede Frau kann es allein feiern, aber schöner ist es, wenn Frauen ihre Kräfte im Ritual zusammentragen, das bei Neumond am stärksten ist, weil die Zeit des Neumonds die Kraft des Unsichtbaren, Nicht-Gelebten aktiviert und die Wurzelkraft aus der Tiefe aufsteigen läßt. Obwohl das Ritual auch im Haus durchgeführt werden kann, ist es schöner, es auf einer Waldlichtung oder an einem Gewässer zu machen.

Zuerst kann ein Kreis aus Steinen oder Stöcken, Schuhen, bunten Schals der Frauen, aus Kleidungsstücken oder Uhren gelegt werden. Der Kreis symbolisiert Schutz, aber auch die Einfriedung durch das Alltägliche (z.B. im Fall der Schuhe oder der Kleidung). Ein Kreis von Uhren symbolisiert die Zeit, außerhalb des Uhrenkreises ist die Welt, in der die Zeit eine Rolle spielt, im Kreis ist der freie Raum der Zeitlosigkeit.

Die vier Himmelsrichtungen können durch kleine Schreine außerhalb des Kreises dargestellt werden, also durch die vier Elemente und Substanzen, die diese symbolisieren. Feuer kann durch Kerzen, durch ein kleines Feuer, durch die Farbe rot, durch Bilder oder Fotos von Feuer dargestellt werden. Wasser durch eine Wasserschale, ein Glas mit Wasser oder Tee, durch die Farben blau oder grün, durch Fotos oder Bilder von Gewässern oder Regen. Erde wird durch Steine, Erde, Wurzeln, die Farbe braun und Bilder oder Fotos von Erde symbolisiert, und Luft kann durch Räucherwerk und Federn vertreten werden. Auch Gesang, Trommeln, Rasseln und Atem vertreten die Luft, und idealerweise beginnt das Ritual mit Trommeln, Rasseln, Tanzen und Singen.

Eine Frau nach der anderen betritt nun den Kreis, geschützt durch die Frauen, die den äußeren Kreis bilden. Macht eine Frau das Ritual allein, kann sie um den Kreis aus Steinen oder Stöcken herumlaufen, noch einmal die vier Himmelsrichtungen rufen und die Kräfte, die sie bittet, den Kreis zu schützen.

Die Frau, die im Kreis steht, hat drei Fotos oder Bilder dabei, die für sie die Junge, die Mutter und die weise Alte symbolisieren, oder drei Symbole, je eins für die jeweilige Kraft. Ein Drittel des inneren Kreises ist der Jungen gewidmet, ein Drittel gilt der Mutter, eins der weisen Alten. Jede legt ihre Bilder oder Symbole an die entsprechende Stelle im Kreis und ruft dabei die Kräfte, die für sie Jugend, Spontaneität, wachsende Kraft bedeuten, dann die Kräfte, die den Zustand der reifen Frau, der Mutter, der Nährenden bedeuten, und dann die Kräfte, die die Weisheit der Alten symbolisieren.

Wenn die Frau Kräfte, Pflanzen, Steine, Tiere, Symbole oder was immer sie rufen will, gerufen hat, gibt jede der Frauen im äußeren Kreis ihr ein Patinnengeschenk. Eine ruft vielleicht: Ich gebe dir das Lachen, eine andere mag vielleicht Wachheit, eine dritte Mitgefühl, eine vierte Unverschämtheit schenken. Wenn jede Frau der Frau in der Mitte etwas gegeben hat, geht diese aus dem Kreis, und die nächste geht hinein. Das Ritual wiederholt sich solange, bis jede Frau in der Mitte war. Dann geben sich alle im Kreis die Hand, heben die Arme, rufen „so sei es" und lösen die Hände.

Danach wird der Kreis aufgelöst, die Altäre werden wieder abgebaut und die Substanzen entweder in der Natur gelassen oder mitgenommen, je nachdem um welche Substanzen es sich handelt.

Um die magische Kraft der Hekate, der weisen Alten zu wecken, kann eine Frau bei Vollmond in den Wald, auf eine Lichtung, an einen Kraftplatz, auf einen Berg oder an einen historisch belegten magischen Ort gehen. Es ist gut, den Ort, an dem das Zauberritual stattfinden soll, einige Male am Tag zu besuchen und sich mit dem Platz vertraut zu machen. Ein magisches Ritual, das die Kräfte der Mutter aller Hexen, der Hekate, weckt, sollte erst dann durchgeführt werden, wenn die Nacht und die Einsamkeit des Ortes keine Angst mehr erzeugen.

Auf dem Weg zum Ritualplatz fängt die Frau an, ein Zauberlied zu dichten, sie findet Worte und Töne, die ihr Dasein als zaubermächtige Frau beschreiben. In diesem Lied sollte die Frau beschreiben, wie sie ihre Magie webt, welche Kräfte ihr zur Verfügung stehen, was ihre besondere Kraft ist.

Zum Beispiel würde eine Frau, die besonders gut backen kann, kleine Zauberfiguren backen und auf dem Weg zu ihrem magischen Ort in einem Lied das Backen der magischen Figuren besingen.

Das Lied wird gesponnen und gesungen, bis der Ort erreicht ist. Dann zieht die Frau einen imaginären Kreis in der Luft um sich herum – das ist der Schutz. Sie spuckt in alle vier Richtungen. Die Spucke gibt einerseits die Identität der Frau an die Wesen der Natur weiter, andererseits ist Spucke schützende Substanz. Sie kann mit Botschaften aufgeladen werden, z.B. kann mit der Spucke die Anweisung gegeben werden: Jetzt bin ich für Menschen nicht mehr sichtbar.

Um die feinstofflichen Energien zu rufen, kann mit Salbei oder Wacholder geräuchert werden.

Nun legt die Frau ihre mitgebrachten Utensilien auf den Boden. Eine braucht vielleicht Knochen und Federn, eine andere einen Medizinbeutel, eine dritte einen Stein, die eine oder andere muß ihre Magie vielleicht mit einer Coladose oder einem Kronkorken weben, weil sie tief in die Geschehnisse des Alltags verwickelt ist. Es gibt kein Gesetz, welche Substanzen besser oder schlechter sind, denn was für eine richtig ist, hat Macht, egal was eine andere darüber denkt.

Nun wird Hekate gerufen, die Mutter aller Zauberinnen, die Mächtige der italienischen Küchenmagie, die Hexenführerin, die Vielgeschmähte der Inquisition. Hekate ist die Verbündete aller Frauen, die ihre Macht kennenlernen und leben wollen, die Eigenmacht im Sinn haben, aber nicht andere unter ihre Macht bannen wollen. Hekate kann durch einen Stock und einen Kristall symbolisiert werden, durch einen Olivenzweig oder durch Wurzeln.

Wenn eine Frau eine Bitte an Hekate hat, ist es gut, wenn sie die in schöne Worte fassen kann. Reime kommen in Ritualen besonders gut. Ist das Anliegen formuliert oder gesungen, dreht sich die Frau stampfend und rasselnd um die eigene Achse und ruft ihre magischen Verbündeten. Besonders schön ist es, wenn Verbündete kommen, ohne gerufen zu sein, was manchmal vorkommt – ein Fuchs kann vorbeistreifen, ein Vogel rufen, etwas in den Kreis fallen, ein Baum zu zittern beginnen.

Idealerweise wird das Ritual mit dem eigenen Zauberlied, du erinnerst dich, das Lied, das du auf dem Weg erfunden, ersponnen hast, abgeschlossen. Dann wird der imaginäre Kreis mit einem Zischlaut und einer schneidenden Bewegung der Hand aufgelöst. Auf den Platz werden mitgebrachte Körner gestreut, als Nahrung und Geschenk für die Erde und die Wesen des Platzes.

Wenn eine Frau dieses Zauberritual zur Stärkung ihrer magischen Kraft einmal durchgeführt hat, kann sie in einer für sie schwierigen Situation durch ihr Lied oder durch eine schneidende Bewegung mit der Hand und einen Zischlaut die Kraft zu sich holen oder in sich aktivieren.

In allen Kulturen der Erde gibt es den Brauch, weibliche Kraft und Unversehrtheit durch Puppen – aus Holz, aus Stoff oder Gewebe, aus Bast und Lehm oder, seltener, aus Metall – zu stärken und zu erhalten. Magische Traditionen kennen Puppen als Stellvertreterinnen der Frau, die eine magische Handlung ausführen will.

So werden in Afrika Puppen mit Befehlen aufgeladen und in Häusern versteckt oder in Gärten vergraben, um den Willen der Frau durchzusetzen. Diese Praxis spiegelt die Vorstellung, dem Willen der Frau könne sich nichts in den Weg stellen, insbesondere, wenn die Frau mit Spucke oder Menstruationsblut ihre Energie ausdrückt. Bekannt ist auch, Puppen als StellvertreterInnen einer Person mit Nadeln zu stechen und damit der Person zu schaden.

All diesen Bräuchen liegt die Vorstellung zugrunde, Puppen könnten anstelle einer Person Kraft aufnehmen oder abstrahlen. In diesem Sinn ist auch die Tradition zu sehen, jungen Frauen vor der ersten Menstruation Puppen zu geben, die weibliche Kraft, weibliche Traditionen, das weibliche Universum vertreten und der jungen Frau helfen, in die weibliche Welt hineinzuwachsen.

Ritual mit Kraftpuppen

Zum Anfertigen von Kraftpuppen eignen sich besonders die Rauhnächte (25. Dezember bis 5. Januar), die Luzien-

Nacht (13. auf 14. Dezember), Lichtmeß (1. auf 2. Februar), die Walpurgisnacht (30. April auf 1. Mai), Lammas (die Nacht vom 1. auf den 2. August) und jede Neumondnacht. Bei Neumond geht die Kraft nach innen und steigt aus der Tiefe auf, was für die Kraft der Puppen als günstig gilt.

Die Frauen, die sich Puppen zur Verstärkung ihrer weiblichen Kraft machen wollen, treffen sich mit den Materialien, die sie sich vorher ausgedacht und besorgt haben. Für die Materialien gilt: je weniger Verarbeitung, je weniger Hände oder Maschinen daran gearbeitet haben, um so günstiger. Am besten scheint es zu sein, selbst gefundenes, geflochtenes, gewebtes Gras, Holz, Stroh, Gewebe zu verarbeiten. Natürlich kann sich jede Frau auch darüber hinwegsetzen und einfach Material nehmen, das sie schön findet. Steine, Muscheln, Perlen, Pailletten usw. schmücken die Puppe, auch wenn nicht immer klar ist, wer diese Dinge in der Hand hatte. Knochen, Federn, Zähne, Fell und andere Tiermaterialien sollten vor dem Einarbeiten geräuchert werden.

Wenn alle Frauen mit ihren Zutaten beieinandersitzen, wird mit Salbei, Wacholder, Benzoe oder Zeder geräuchert. Eine Schale mit Wasser symbolisiert in der Mitte des Tisches oder des Raums alles Fließende, eine Kerze steht für das Feuer, ein Stein, ein Brot oder Kräuter repräsentieren die Erde.

Wenn die Frauen zu werkeln anfangen, beginnt eine mit ihrer Geschichte. Jede erzählt eine Geschichte, die eine besondere Kraft der Frauen beschreibt, die lustig, stark, mächtig, fein Frauenkraft evoziert und die Puppen mit verschiedenen Aspekten weiblicher Kraft auflädt.

Wichtig ist, daß die Geschichten frei von Häme, Gewalt, Mißgunst oder Rache sind, weil sich sonst die Puppen, die ja eine kreative Kraft verstärken sollen, mit Verletzungen und Begrenzungen aufladen.

Wenn alle Puppen fertig sind, werden sie in einen Kreis gelegt. Die Frauen können ihre Handflächen über die Puppen halten und Kräfte rufen, mit denen sie sie noch anreichern möchten. Zum Schluß geben sich alle die Hände und schließen das Ritual mit „so sei es".

Das Ritual kann natürlich variiert werden. Jede Frau kann sich auch allein eine Kraftpuppe machen und sie selbst aufladen. Zur Abrundung der Kraft kann die Puppe der ersten strahlenden Mittagssonne, dem ersten Vollmond und einem schönen Ort in der Natur gezeigt werden.

Es ist mir wichtig, darauf hinzuweisen, daß die Puppe nicht die Kraft der Frau repräsentiert und die Frau nicht etwa kraftlos wird, wenn sie die Puppe verliert. Sie ist ein Symbol, aufgeladen mit weiblicher Kraft. Geht sie verloren, trennt sich die Frau symbolisch von ihr. Die Puppe ist keine Droge, die Kraft, die sie symbolisiert hat, kann jederzeit anderswo und mit anderen Mitteln wieder gerufen werden. Die Puppe ist ein Hilfsmittel, ein Symbol, eine Verstärkung. Afrikanische Frauen tragen solche Puppen oft im Bund ihrer Wickeltücher. In Südamerika gibt es Glückspüppchen, die im Geldbeutel getragen werden. In afrikanischen, afrokubanischen und afroamerikanischen Zauberpraktiken gibt es natürlich Puppen zur Verkörperung magischer Kraft, und die europäische Tradition der Puppen für kleine Kinder ist davon nicht weit entfernt, denn die Puppe kann die wichtigste Verbündete einer Kindheit sein.

Die Verheißung des Gartens

Ich stand mit zwei Geranientöpfchen vor der Kasse, als eine mir bekannte Stimme sagte: Warum Geranien? Ich drehte mich um. Kore sah aus wie eine dieser Hippiemütter, weiter bunter Rock, Sandalen, weite weiße Bluse, Kränzchen im Haar.

Ich liebe Geranien und kann mir Rosen grad nicht leisten. Sie nickte, streckte die Hand aus und öffnete die Handfläche. Auf ihrer Handfläche zeigte sich etwas, das ich nur als Bildschirm bezeichnen kann. Dieses Bild dehnte sich, krümmte sich, wurde größer und hohl. Ein Stück Wüste wie dort, wo das Bild des Zauberers in den Fels geritzt ist. Ein Stück meines Zaubergartens am Starnberger See, eine wilde Wiese mit Akeleien und Trollblumen, ein Stück meines Gartens in der Stadt, Bambus, Phlox, der Balkon mit der Rose. Alles war irgendwie miteinander verbunden, und obwohl es schien, als lebte jedes Stück dieser Projektion, wirkte es doch wie eine Erscheinung und eine Krümmung von Zeit und Raum auf mich.

Das ist doch vorbei, sagte ich.

Was ist vorbei, sagte sie. Vorbei gibt's nicht. Alles ist. Immer. Gleichzeitig. Dein Garten ist immer dein Garten mit all dem, was darin sein muß, von Anfang an. So wie du von Anfang an eine Frau bist. Es gibt verschiedene Erscheinungsebenen dieser Frau, die du bist, aber immer bist du die Frau, die du immer sein wirst.

Was ist in meinem Garten? fragte ich.

Was ist drin? fragte sie zurück.

Ich sagte: Salbei, Rosmarin, Himbeeren, Edelweiß, Rosen, Kohlrabi, Bohnen, Artemisia, Maggikraut, Peonien, Nießwurz, Hasel, Feldspat, Kristall, Sand – ein Stück Wüste, Glockenblumen, Frauenmantel, Silberdistel, Kirsche, Kastanie, Birke, Erle... jedesmal, wenn ich eine Pflanze oder ein Wesen nannte, tippte die Kassiererin einen Betrag ein, und es piepte.

Das macht 555 Euro, sagte sie am Ende.

Aber erst, wenn alles da ist, sagte ich.

Es ist doch immer alles da, sagte die Kassiererin und sah plötzlich wie Kore aus.

Ich hab' nicht soviel dabei, sagte ich.

Eilt nicht, sagte sie.

Das Tor war offen, als ich den Garten betrat. Aber wie sah der Garten aus. Was ein blühendes, duftendes Juwel gewesen war, eine Augenweide, ein Ohrenschmaus, ein Hauch auf meiner Haut, lag verwüstet und öde vor mir. Ein geplünderter Garten, abgerissene Blumen, aufgerissene Erde. Kein Vogelgesang. Der Brunnen war vertrocknet. Was war passiert?

Bin ich schuld? Ich habe den Garten entdeckt, das Tor geöffnet, die Welt eingelassen, und jetzt ist alles kaputt?

Bist du harmoniesüchtig? Der Garten verändert sich ständig. Er ist nicht nur für dich, sagte Kore.

Wo bist du eigentlich? fragte ich.

Da, wo ich immer bin. Es spielt keine Rolle, sagte sie. Sie materialisierte sich.

Was ist passiert?

Warum glaubst du, daß der Garten zerstört wird, wenn alle Frauen ihn betreten? fragte sie.

Es sieht so aus, sagte ich.

Wenn er nicht aushält, daß alle Frauen ihn sehen, betreten, genießen, was ist er dann wert? fragte Kore.

Das frage ich dich, sagte ich.

Wenn er verwüstet und verdorrt ist, existiert er dann nicht mehr? fragte sie. Oder ist deine Version des Gartens so? Ist er so, weil du ihn so siehst? Gibt es ein Gesetz, daß ein Garten blühen muß? Eine bestimmte Vegetation haben muß?

Keine Ahnung, sagte ich.

So schnell gibst du auf?

Wir gingen einen Kaffee trinken.

Der Garten der Frauen entsteht stets von neuem, überall. Er kann aus einem Traum in die Wirklichkeit geworfen werden und aus einem Schmerz ins Vergessen sinken. Und er wird nie wirklich zerstört, sagte sie. Etwas mehr als Genußsucht und Freude am Schönen mußt du schon aufbringen, um diesen Garten zum Blühen zu bringen und die Schönheit der Dürre zu sehen, und wer hat gesagt, daß es einfach ist? Von den Tränen, die du weinst, wird der Brunnen nicht zu fließen beginnen. Von deinem Blut werden die Rosen nicht wieder rot. Und warum glaubst du, daß deine Schreie und dein Schmerz die Vögel ermutigen zu singen? Es gibt Zeiten, in denen alles blüht, und Zeiten der Dürre. Aber du willst einen ewig blühenden Garten?

Gar nicht, warf ich ein und wollte eine komplizierte Idee entwerfen, die sie sofort mit einer Handbewegung wegwischte.

Es ist nicht alles immer gleich, nicht immer alles schön. Aber die Sucht nach Schönheit und Farbigkeit erzeugt Trugbilder. Natürlich kannst du dich auch in einem Trugbild einrichten, warum nicht?

Ich werte ja nicht...

Wieder wischte sie meinen Einwand weg.

Schau genau hin und stell dir die notwendigen Fragen. Dieser Garten wird schöner, lebendiger, bunter, wilder mit jeder Frau, die ihn hütet und pflegt. Jede Frau, die ihn betritt, fügt zu den Farben des Gartens neue Facetten, neue Töne hinzu. Aber jede Frau wird auch entdecken, daß ein Garten nicht immer blüht. Eine Frau allein kann diesen Garten nicht halten. Eine allein kann ihn nicht beleben. Findest du ihn nicht mehr, wird die Frau, die du am wenigsten magst, die du vielleicht haßt, deine Führerin sein. Deine Kraft wird immer davon abhängen, daß du dich mit deiner größten Gegnerin verständigst.

Warum denn das? fragte ich und entschloß mich, jetzt doch ein Stück Torte zu essen, obwohl Zucker eigentlich schädlich ist.

Weil das, was dich an deiner größten Gegnerin am meisten stört, dein blinder Fleck ist, deine nicht gelebte oder nicht erkannte Kraft. Weil dich deine größte Gegnerin an deine eigene Selbstgerechtigkeit führt und dir deine Schwächen vorführt. Und weil sie dich spiegelt, öffnet sie dir Türen, die schon zugefallen sind.

Jetzt kam der Zucker wirklich gut.

Ich muß mit allen Frauen versöhnt sein?

Da lachte sie.

Nein. Aber im Leben anderer Frauen Bescheid zu wissen, sie zu beurteilen, zu wissen, was richtig und falsch ist, auf alles in ihrem Leben eine Antwort zu haben, ist keine Kunst. Die Kunst ist, dir selbst die richtigen Fragen zu stellen.

Der Garten fing an, um uns herum zu wachsen und zu grünen. Ein paar Löwinnen lagen mit ihren Jungen zwischen den Felsen. Da, wo ich mir eine Schirmakazie vorstellte, begann eine zu wachsen. Sogar die Quelle kam da aus der Erde, wo ich sie zum ersten Mal gesehen hatte.

Stell dir vor, du bist eine Leopardin und sollst jetzt mit diesen Löwinnen herumliegen. Da wirst du schnell unruhig. Was bist du denn so hektisch, wird eine der Löwinnen dann sagen. Entspann dich, laß dich ablecken.

Aber die Leopardin findet das zum Kotzen. Sie will auf einen Ast steigen und ihre Beine baumeln lassen. Dafür hat die Löwin überhaupt kein Verständnis.

Du bist krank, sagt sie. Irgendwas stimmt mit dir nicht.

Ich muß lachen.

Du hast ja eine blühende Phantasie, sage ich.

Dabei habe ich noch nichts über die Bonobos gesagt oder über die Eidechsen.

Du willst mir sagen, es gibt verschiedene Wesen, und die leben auf verschiedene Art, und wehe dem Frosch, der einen Storchentherapeuten findet?

Kore wirft Körner in die Luft und läßt daraus wunderhübsche Gräser wachsen.

Ich will dir sagen, daß Antworten langweilig sind, wenn sie von Wesen kommen, die nicht mal Fragen stellen können. Schau genau hin und frag.

Was?

Wenn ein Stein ins Rollen gekommen ist, mußt du ihm nicht nachlaufen. Du kannst ihn einfach da aufheben, wo er liegenbleibt.

Luisa Francia

Die Sprache der Traumzeit
Kunst und Magie
ISBN 3-88104-350-0

Berühre Wega, kehr' zur Erde zurück
ISBN 3-88104-120-6

Kalypso
ISBN 3-88104-138-9

Mond • Tanz • Magie
ISBN 3-88104-152-4

Drachenzeit
ISBN 3-88104-165-6

Zaubergarn
ISBN 3-88104-190-7

Spielend Scheitern.
Ein Leidfaden für Frauen
mit dreizehn Tips zum Mißerfolg
ISBN 3-88104-203-2

Die 13. Tür
ISBN 3-88104-210-5

Die schmutzige Frau
ISBN 3-88104-226-1

im Verlag Frauenoffensive

Luisa Francia

Der Rest deines Lebens beginnt jetzt
Rituale zur Verzauberung des Alltags
ISBN 3-88105-339-X

SteinReich
ISBN 3-88104-239-3

Auf der anderen Seite der Haaresbreite
ISBN 3-88104-252-0

Starke Medizin
ISBN 3-88104-266-0

Eine Göttin für jeden Tag
ISBN 3-88104-280-6

Die Bärin im 11. Haus
ISBN 3-88104-293-8

Sanfte Wirbelstürme, vergessene Flügel
Das Rückenbuch
ISBN 3-88104-306-3

Drei Wünsche
Von der Vision zur Magie als Handwerk
ISBN 3-88104-317-9

Der wilde Blick
ISBN 3-88104-328-4

im Verlag Frauenoffensive